클라우드

새로운 기술 생태계의 탄생

윤혜식 지음

미디어샘

메타버스, NFT, 웹3.0까지
빨아들인 클라우드

지난 2년간 우리는 코로나19가 가져온 변화를 온몸으로 체험했다. 그사이 학생들은 화상회의를 통한 비대면 수업에 익숙해졌고, 글로벌 IT기업이나 스타트업에나 도입되던 재택근무도, 이제는 규모와 업종을 불문하고 익숙한 근무 형태로 자리잡았다. 신선식품 온라인 쇼핑몰 마켓 컬리Marketkurly나, 로켓배송으로 온라인 유통을 혁신하고 있는 쿠팡, 배달주문 업체 배달의민족, 온라인 게임 '검은 사막'으로 세계적인 성공을 거둔 펄어비스Pearl Abyss 등도 클라우드라는 플랫폼 없이 움직일 수 없다.

《클라우드-새로운 기술 생태계의 탄생》은 《클라우드-포스트 코로나, 비대면사회의 기술 혁명》을 개정증보한 제2판이다. 제1판은 IT 기술의 핵심 플랫폼인 클라우드의 길잡이로서 독자로부터 큰 관심과 사랑을 받아왔다. 제1판 출간 즈음, 우리 사회는 코로나19로 비대면사회라는 새로운 시대에 직면해 있었다. 클라우드 기술은 마치 비대면사회를 예견이라도 하듯 튼실한 기반을 다져오고 있었기에, 독자들의 클라우드에 대한 관심은 이 책으로 이어졌다. 그 후 2년 동안, 우리는 또 다른 IT의 거대한 변화를 목격하고 있다.

제2판에서는 그사이 달라진 IT 관련 통계를 판올림했고, 새롭게 주목받고 있는 IT 기술들을 다뤘다. 의미와 맥락을 파악하는 초거대 AI를 비롯하여, 가상과 현실이 연결되는 초연결사회의 기반 기술인 메타버스, 가상 자산과 디지털 콘텐츠의 희소성을 증명하는 NFT 등 클라우드 플랫폼 위에 움직이는 최신 기술들의 의미와 트렌드를 짚었다.

또한 IT 트렌드 분석기관 가트너가 발표한 '2022 IT 트렌드'는 별도의 장을 마련하여 클라우드와 관련 있는 기술 중심으로 소개했다. 이 장을 통해 향후 IT 기술이 어떻게 발전하고 우리 생활에 영향을 미칠지 가늠해볼 수 있을 것이다.

이러한 변화에도 불구하고, 클라우드의 핵심 개념은 여전히 변하지 않고 유효하다. 오히려 그 중요성은 더 커져가고 있다. 따라서 제2판에서 클라우드의 개념과 원리 등 기술 관련 내용은 살려두었다. 클라우드에 대한 이해가 없다면, 지금의 IT 환경을 이해하기란 어렵기 때문이다. 〈클라우드〉를 통해, 앞으로도 쏟아져나올 새로운 IT 기술을 이해하는 데 든든한 길잡이가 되길 희망한다.

비대면사회를 예견한
클라우드

2021년 우리는 전례가 없던 코로나19 환경에서 2년째 살아가고 있다. 바이러스 감염의 확산을 막기 위한 '사회적 거리두기'가 생활화되면서 삶의 패턴이 달라지고, 사람들의 활동 반경도 크게 좁혀지기 시작했다. 기업은 재택근무를 확대하면서, 화상으로 업무를 하기 시작했다. 초·중·고등학교와 대학교 역시 70년 교육 역사상 처음으로 개학이 연기되면서 온라인 개학과 함께 화상이나 온라인으로 수업을 실시했다. 밖을 나가지 못한 사람들은 온라인 쇼핑 공간으로 몰려들었다. 개인의 삶에서부터 경제와 산업에 이르기까지 사람과 사람이 만나지 않고도 모든 활동이 가능한 사회, 이른바 '비대면사회'로 진입한 것이다.

네이버Naver의 간편결제 서비스 네이버페이Naver Pay는 2021년 상반기 결제액이 17조 원을, 카카오페이는 1분기에만 무려 22조 8천억 원을 넘어섰고,' 쿠팡Coupang 역시 인터넷으로 생필품을 주문하는 사람들이 늘면서, 로켓배송 일일 배송량이 약 180만 건에서 코로나19 이후 330만 건까지 급증하기도 했다.[2] 화상회의 서비스 줌zoom은 학교와 기업에서 화상으로 수업과 업무를 시작하면서, 코로나 팬데믹 이후 20일 만에 가입자 수 1억 명이 폭증하여 3억 명의 사용자를 확보했다.[3]

페이스북Facebook은 향후 10년 안에 직원의 절반 가량이 사무실로 출근하지 않고 거주지에 일하게 될 것이라고 선언하기도 했다. 페이스북은 여기에서 더 나아가 코로나19가 종료되더라도 원격채용을 통한 원격근무 체계를 구축할 것으로 보인다. 사무공간에서 일하는 전통적인 방식을 벗어던지고, 지역에 상관없이 인재를 영입하겠다는 것이다.

멀리 떨어져 있는 인재 중에서 이사하는 것을 꺼리는 사람도 있고 대도시 생활을 좋아하지 않는 경우도 있어, 원격채용으로 더 많은 인재를 영입할 수 있다는 장점이 있다.[4]

정부의 사회적 거리두기 권고로 많은 사람들은 집 안에서 무료한 시간을 달래기 위해 동영상 스트리밍 서비스 넷플릭스Nexflix에 몰려들기 시작했다. 넷플릭스의 전 세계 가입자 수는 코로나19 대유행 초기였던 2020년 1분기에는 1,577만 명이 증가하면서 1억 8천만 명을 기록하기도 했다. 정부 역시 지금의 상황을 쉽게 보지 않았다. '포스트 코로나' 시대를 준비하기 위해 인공지

5GGeneration 5세대 이동통신의 줄임말로, 최대 속도가 20Gbps에 달하는 이동통신 기술이다. 4세대 이동통신인 LTE에 비해 속도가 20배 가량 빠르고 처리 용량은 100배 많다. 강점인 초저지연성과 초연결성을 통해 4차산업의 핵심 기술인 자율주행, 가상현실, IoT 기술 등을 구현할 수 있다.

능Artificial Intelligence, 이하 'AI', **5G** 등의 정보통신기술ICT 산업을 적극 지원하기 시작했다.[5] 이른바 비대면 산업의 급격한 성장을 예고하고 있다. 화상회의, 블록체인Block Chain, 챗봇Chatter Robot, 사물인터넷Internet of Things, 이하 'IoT' 등 미래의 기술로만 여겨지던 것들이 코로나19로 인해 우리 생활 깊숙이 들어와버렸다. 그러나 생소했던 생활방식에 우리가 큰 혼란 없이 적응할 수 있었던 이유는, 아마도 이미 많은 기업들이 준비라도 하듯 모든 IT 기술과 플랫폼을 갖추고 있었기 때문인지 모른다.

코로나 트리거로 인해 우리는 비대면사회라는 '미래'를 앞당겨 경험하고 있는 느낌이다. 그렇다면 코로나19 이후 우리의 삶은 어떻게 달라질까. 그 중심에 IT 핵심기술이 있다. 그리고 그 IT 핵심기술들은 지금 모두 '클라우드Cloud'라는 거대한 플랫폼 안에 자리잡고 있다. AI, 증강현실Augmented Reality, AR, 자율주행차Autonomus Car 등의 IT 기술들은 이미 모두 클라우드 안에서 움직이고 있다. 아니, 이 기술들은 클라우드가 없으면 움직일 수 없다. 클라우드라는 유연한 플랫폼 덕에 기술과 기술이 결합하여 또 다른 기술을 탄생시키고 있다.

코로나19로 세계적인 경기 침체가 일어나고 있지만, 클라우드 분야는 오히려 수요가 폭발하는 현상이 일어나고 있다. 이를 뒷받침하듯 주식투자자들은 클라우드의 성장에 주목하기 시작했고. IT 전문지 기사에서만 오르내리던 클라우드가 이제는 경제 전문지의 기사에서 심심치 않게 보도되고 있다. 많은 기업들은 앞다투어 기존의 시스템을 버리고 클라우드 플랫폼으로 전환하고 있으며, 소비자들이 '온라인 생활'을 지속하는 데 클라우드는 꼭 필요한 플랫폼으로 자리잡아 가고 있다.

대체 클라우드가 무엇이길래 우리 사회의 혁명을 일으키고 있는 것일까. 클라우드를 들여다보면 앞으로 전개될 우리의 미래를 가늠하고 대비할 수 있을 것이다. 우리가 모르는 사이 수많은 기술이 우리의 삶 깊숙이 들어와 우리 삶에 변화를 일으키고 있는 것처럼. 우리가 모르는 더 많은 기술이 앞으로의 삶을 변화시킬 것이다. 그 중심에 클라우드가 있다.

윤혜식

추천의 말

'이미 다가온 미래'를 어떻게 살아가야 할지 알고 싶다면, 이 책이 그 역할을 충분히 해줄 것이다.
●우미영 대표(어도비 코리아)

코로나19로 많은 기업이 어려움을 겪지만, 미래를 준비한 기업에게는 새로운 기회다. 그 혁신의 주춧돌이 클라우드다. 이 책 안에 클라우드로 헤쳐나갈 해법이 담겨 있다.
●오진호 사장('라이엇게임즈' 본사 Worldwide Publishing)

바야흐로 클라우드 전성시대다. IT업계의 전유물이던 클라우드가 이제 모두의 관심사로 급부상했다. 클라우드 시대를 살아가는 이들이 꼭 챙겨봐야 할 책이 되었다.
●조혜민(구글코리아 Customer Engineer Specialist)

갑자기 비대면사회가 찾아왔다. 하지만 '클라우드'는 큰 동요 없이 비대면사회를 지탱하고 있다. 기술 진보로 우리 삶은 앞으로 어떻게 진화할까? 이 책이 그 해답을 준다.
●이소영 이사(마이크로소프트 APAC커뮤니티 프로그램 매니저)

저자는 다년간의 경험을 바탕으로, 다양한 클라우드 기술이 어떻게 기존 산업에 디지털 트랜스포메이션을 가져오는지 알려준다.
●김세호(구글코리아 Customer Engineer)

코로나19로 모든 비즈니스 환경이 위축될 때 유일하게 투자가 이루어지는 분야가 '클라우드'다. 비대면사회를 견고히 받쳐주는 클라우드의 가치를 이 책에서 발견했으면 좋겠다.

●최윤석 전무(마이크로소프트 코리아&재팬 소프트웨어 엔지니어링 리더)

4차산업의 서비스는 모두 클라우드 안에 모여 있다. 이제 클라우드를 모르면 기업의 생존도 불투명하다. 이 책은 그 생존을 위한 전략을 알려준다.

●장경철 매니저(글로벌게임사 '킹King' SRE 엔지니어)

클라우드 기반 IT 신기술들이 어떻게 발전하고 있는지 알고 싶다면 이 책을 읽어라. 코로나19 이후 시대 변화를 가장 정확히, 가장 쉽게 쓴 책이다.

●현재환 이사(아마존웹서비스 클라우드 DB 마이그레이션 사업개발담당)

수년간 저자의 클라우드 교육 경험이 집약된 이 책이 클라우드 비즈니스 전략을 함께 고민해줄 길잡이가 될 것이다.

●김희원(넷플릭스 본사 시니어 보안 엔지니어)

레고 조립하듯 IT 기술을 자유자재로 조립하는 시대에 살고 있다. '클라우드' 기술과 함께 살아갈 우리 아이들에게도 이보다 더 좋은 책은 없다.

●서상원 이사(한국 마이크로소프트 시니어 클라우드 솔루션 아키텍트)

CONTENTS

Part 01

인터넷, 모바일 시대를 넘어 AI 시대로

왜 지금, 클라우드인가

클라우드의 매력 무엇인가

클라우드로 들여다보는
비대면 비즈니스 최신 IT기술

01 신뢰의 기술, 블록체인

Part 05 클라우드를 기반으로 한 메타버스

Part 06 가트너 2022 IT 트렌드

칼럼 좀더 알아보는 클라우드 지식

CLO

인터넷,
모바일 시대를 넘어
AI 시대로

AI가 전면에서 활동하는 시대

—

변화를 쫓아가기 힘들 만큼 하루가 다르게 새로운 기술들이 탄생하고 있다. 특히 코로나19 이후 신기술은 홍수처럼 쏟아져나온다. 그리고 클라우드는 블랙홀처럼 그 기술들을 빨아들이고 있다. 산업의 발달은 1차산업혁명에서 4차산업혁명으로 이어지고 있다. 1차산업혁명은 18세기 영국을 중심으로 촉발된 증기기관의 발명이었다. 증기를 동력으로 하는 기계의 힘을 빌려 인간의 노동력이 대체되면서 급격한 공업화가 이루어지기 시작했다. 2차산업혁명은 전기에너지의 발명으로 찾아왔다. 전기를 이용한 공장의 기계들로 대량생산이 가능해지면서 산업화는 더욱 가속화되었다. 1914년 헨리 포드는 전기 동력을 이용하여 자동차 컨베이어 시스템을 도입했다. 사람이 부품을 들고 다니는 대신 컨베이어 벨트가 사람 앞에 부품을 가져다주는 역발상으로 자동차를 대량생산하면서, 본격적인 '마이카' 시대를 열었다. 1970년대의 3차산업혁명은 바로 미래학자 앨빈 토플러가 명명한 '제3의 물결 The Third Wave'로 대표되는 전자기술과 IT Information Technology의 시대다. 이 시기부터 컴퓨터와 정보통신, 소프트웨어가 산업의 전면에 드러나기 시작했다. 이른바 정보화시대, IT 혁명이 시작된 것이다. 그렇다면 4차산업혁명은 무엇일까? 3차산업혁명이 IT혁명이라면 4차산업혁명은 ICT Information and Communications Technologies, 즉 정보통신기술의 혁명이라고 할 수 있다. 'IT'라는 글자 사이에, 'Communication커뮤니케이션'이 들어간 것에서 알 수 있듯, 4차산업의 핵심은 결국 커뮤니케이션, 소통이다. 즉, 인간의 소통을 넘어, 인간과 기계, 기계와 기계가 소통하는 기술이다. 사람과 사물, 그리고 공간을 초월한 '연결'은 결국 산업구조와 사회 체계에 혁신을 일으킨다. 2016년 **세계경제포럼**에서 '4차산업혁명의 이해Mastering the fourth industrial revolution'가 포럼의 주제로 떠오르면서, 세계경제는 4차산업에 대해 본격적으로 논의하기

세계경제포럼WEF, World Economy Forum 저명한 기업인, 정치인, 경제학자, 저널리스트 등이 세계 경제에 대해 토론하기 위해 모이는 국제 민간 회의. 다보스포럼이라고도 한다.

시작했다. 이 포럼에서는 IoT, 빅데이터Big Data 플랫폼, 가상현실
Virtual Reality, AR, 증강현실, AI 등이 산업을 바꾸는 핵심 기술로 언급
되기도 했다. 4차산업은 AI의 등장과 함께 디지털혁신의 시대로
발전하는 중이다. 4차산업이 모든 사물과 공간을 초월하여 연결
된다는 것은 데이터를 주고받는다는 것과 같다.

4차산업의 중심에는 데이터가 자리잡고 있다. 4차산업이 3차정
보통신시대와 다른 점이 있다면, AI가 산업 전반에서 직접적으
로 드러나 맹활약하고 있다는 것이다. 기존의 PC나 모바일 시대
에는 사용자가 데이터를 만들고 콘트롤했지만, 지금은 AI가 데
이터를 만들고 콘트롤하고 있기 때문이다. 물론 아직까지 인간
만큼의 지능을 가진 AI가 등장하지는 않았다. 그러나 특정 분야
에서는 이미 인간을 넘어서는 AI가 등장해 사람들을 놀래키기도
했다.

인간을 뛰어넘은 AI로 우리 머릿속에 각인된 사건은 바로
2016년 알파고AlphaGo와 이세돌 9단의 대국이었다. 알파고는 **구글
딥마인드**가 개발한 AI 바둑 프로그램이다.
최고의 바둑 AI 프로그램과 세계 최고의
바둑 프로기사 이세돌의 대결은 전 세계
의 이목을 집중시켰다. 이 대결의 결과는
4승 1패로 AI가 승리했다. 전 세계에 충

구글 딥마인드Google DeepMind 2010년 '딥
마인드 테크놀로지DeepMind Technologies'라
는 이름으로 3명의 공동 창업자가 세운
AI 개발 회사다. 창업 후, 딥마인드의 AI
기술 성과가 알려지면서 일반인에게까지
유명해지기 시작했고, 2014년 구글에 약
5억 달러(약 6천억 원)에 인수되면서 '구
글 딥마인드'로 사명이 바뀌었다.

격을 안겨준 이 사건으로 AI는 우리에게 한층 더 가까워진 계기
가 되었다.[6]

인간이 분석할 수 있는 양을 초과한 데이터

—

알파고가 세계 최고의 바둑기사 이세돌을 이길 수 있었던 이유는
엄청난 양의 데이터를 끊임없이 학습했기 때문이다. 구글 연구진
은 알파고에게 바둑 데이터베이스를 활용해 3천만 개의 위치정
보를 입력하는 반복 훈련을 시켰다. 알파고는 이러한 지도학습을
끝낸 후 실전을 통해 습득한 데이터를 학습하며 점점 똑똑해진
것이다. 여기에서 우리가 주목해야 할 점은 방대한 양의 데이터
베이스로 AI가 스스로 학습을 한다는 점이다. 4차산업혁명에서
말하는, 공간을 초월하여 하나로 '연결'되는 것 즉, 인간과 컴퓨
터가 바둑 대결을 할 수 있는 시대가 되는 기초에는 데이터가 있
다는 뜻이다. 이것이 4차산업의 핵심이다.

4차산업을 이루는 데는 세 가지 축이 있다. 그중 하나가 데이터
이며, 다른 하나는 클라우드, 그리고 비즈니스 인텔리전스Business
Intelligence, BI, 이하 '인텔리전스'다. 미국의 IT리서치기업 가트너는 인텔리

전스를 "방대한 양의 데이터를 신속정확하게 수집 · 분석하여 기업이 효율적인 의사결정을 할 수 있는 환경"으로 정의하고 있다.[7] 즉, 기업이 사업을 추진하거나 새로운 시스템을 구축하기 위해 의사결정을 하는 데 있어서 신뢰할 만한 데이터를 제공하는 툴이나 기술, 프로세스를 통칭한다. 디지털 시대에는 데이터가 '금광'이다. 그 데이터를

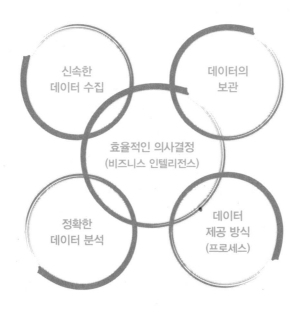

데이터를 통해 효율적 의사결정을 내리는 비즈니스 인텔리전스

통해 사람들이 기존에 인지하지 못했던 새로운 정보와 가치를 만들어내고 있다. PC에서 만들어지는 데이터 양으로는 미래를 예측하거나 장기적인 비즈니스 전략을 위한 인사이트를 만들어낼 수 없었다. 굉장히 많은 데이터의 모수와 집합이 있어야 공통된 '인텔리전스'를 뽑아낼 수 있기 때문이다.

그것을 가능하게 한 것이 바로 클라우드다. 기업들은 바로 그 데이터를 확보하기 위해 IT 전쟁을 벌이고 있는 중이다. 그러나 그동안 축적된 데이터의 양은 이미 인간이 분석할 수 있는 양을 초과하고 있다. 인간의 지능으로 분석할 수 있는 양을 넘어섰다는 이야기다. 그래서 지금은 데이터 자체도 프로그램과 알고리즘을 통해서만 분석이 가능하고, 더 나아가서 그 알고리즘은 지능을 가지기 시작하고 있다. 그것이 AI다.

데이터는 클라우드에 담겨야 제맛

—

우리에게 클라우드란 네이버클라우드Naver Cloud나 구글 드라이브 Google Drive 등과 같이 내가 가진 파일이나 콘텐츠를 저장하는 서비스로 더 익숙하다. 그러나 저장 즉, 스토리지Storage 서비스는 클라우드가 제공하는 서비스 중 극히 일부에 지나지 않는다. 클라우드 서비스에는 네이버 클라우드와 같이 개인이 소프트웨어를 웹에서 쓸 수 있게 하는 서비스가 있는 반면, 기업에게 서버와 네트워크 장비 등 IT 인프라를 빌려주는 서비스가 있다. 그리고 AI나 IoT, 블록체인, 안면인식기술 등 IT의 핵심기술을 플랫폼에서 물건 대여하듯 빌려주는 서비스가 있다.246쪽 참고

> **IT 인프라**IT Infrastructure
> 네트워크와 서버, 데이터베이스 장비 및 시설 등 IT 서비스를 하기 위해 기반이 되는 모든 시스템 등을 말한다.

　　클라우드 서비스의 공통점은 사용자가 필요한 자원을 인터넷만 연결되어 있다면, 언제 어디서든 PC나 모바일 등의 단말기로 쉽게 사용할 수 있다는 점이다. 예를 들어, 개인은 자신의 데이터를 컴퓨터나 모바일에 저장하지 않아도 클라우드에서 꺼내 쓸 수 있다. 온라인 서비스를 하는 기업이라면 데이터센터나 전산실을 갖춰야 하지만 클라우드라는 가상의 데이터센터를 빌리면 직접 데이터센터를 운영하지 않아도 온라인 서비스를 할 수 있다. 그리고 인력을 동원하여 IT 기술을 개발하지 않아도 클라우드에서 빌려 활용할 수 있다. 이처럼 클라우드는 사용자가 복잡한 시스템은 굳이 알 필요 없이 손쉽게 원하는 자원을 마음대로 꺼내 쓰고, 그 자원을 구름처럼 자유자재로 모양과 크기를 바꿀 수 있도록 만들어주는 환경이다.

　　이 책에서는 기업이 어떤 기술을 클라우드로부터 빌리고,

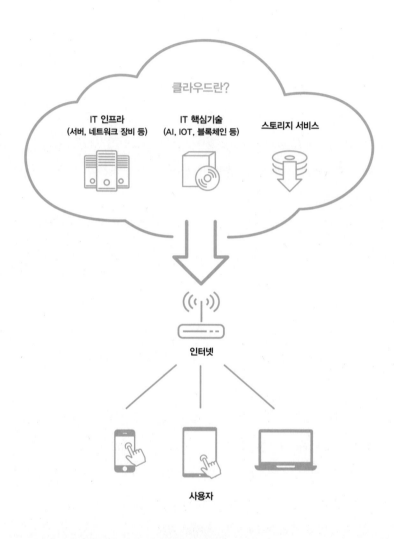

클라우드란 무엇인가

빌린 기술은 우리의 생활을 어떻게 바꾸고 있는지 주목하려고 한다. 클라우드 플랫폼에서 제공하는 수백 가지의 IT 기술들이 결합할 때 어떤 상상 이상의 기술들이 탄생하는지 안다면 코로나19 이후의 삶도 예측하고 대처할 수 있을 것이다. 앞으로 나올 미래의 IT 핵심기술들은 이미 클라우드에서 모두 '대기' 중이다. 불안한 미래를 조금이나마 들여다보고 대비할 수 있는 기회가 클라우드 안에 있다.

"왜 우리는 클라우드를 도입하지 않냐"

—

삼성전자Samsung는 2019년 860테라바이트 규모의 삼성 갤럭시의 데이터베이스를 아마존의 클라우드 서비스인 AWSAmazon Web Service, 아마존웹서비스로 이전을 단행했다.[8] 대한항공은 고故 조양호 회장이 생전 클라우드의 중요성을 간파하고 "왜 우리는 클라우드를 도입하지 않냐"며 임직원을 재촉했다고 한다. 이후 2018년 11월 대한항공은 전사 IT 시스템

> 바이트Bite 컴퓨터가 처리하는 정보의 기본 단위로, 8개의 비트가 묶어진 것이다. 단위의 순서는 비트Bit, 바이트Bite, 킬로바이트KB, 메가바이트MB, 기가바이트GB, 테라바이트TB, 페타바이트PB, 엑사바이트EB, 제타바이트ZB, 요타바이트YB 순이다. 1Bite는 8Bit이며, 1KB는 1,024B, 1MB는 1,024KB, 1GB는 1,024MB, 1TB는 1,024GB, 1PB는 1,024TB다. 1TB는 MP3 파일 25만 개, SD급 화질 영화 500개, HD급 화질 영화 125개를 저장할 수 있는 용량이다.

ERP Enterprise Resource Planning 전사적자원관리. 기업 내의 생산, 물류, 재무, 회계, 영업과 구매, 재고 등 경영 활동 프로세스들을 통합적으로 연계해 관리하는 시스템.

을 AWS로 이전을 발표했다. 3년여에 걸친 인프라 시스템 전환 작업은 정부 정책으로 물리적 데이터센터를 사용해야 하는 대전 연구소 관련 1%를 제외하고 99%의 시스템을 모두 클라우드로 이전 완료했다. 글로벌 대형 항공사 가운데 데이터센터 인프라를 클라우드로 모두 이전한 첫 사례다. 장성현 대한항공 부사장은 "3년 전에는 클라우드 올인All-in을 선언했고, 오늘은 올던All Done이라고 말하겠다"라고 언론 인터뷰에서 그 감회를 표현했다.[9] 장태영 대한항공 정보시스템실 IT인프라팀 부장은 "클라우드 전환은 사실 디지털 트랜스포메이션 과정 중 하나로 모빌리티 기업으로의 전환 등 궁극적인 목표를 이루기 위해 디지털 혁신을 꾀하는 것"이라 말했다.[10]

여기서 말한 디지털 트랜스포메이션Digital Transformation, DX이란 무엇일까? 기업들은 지금 디지털 트랜스포메이션에 사활을 걸고 있다고 해도 과언이 아니다. 디지털 트랜스포메이션이란 쉽게 말해 기업경영의 디지털화다. 대부분의 기업이 디지털, 전산화가 이루어졌다고 생각할 수 있지만, 단순히 시스템만을 디지털로 전환하는 것에는 의미가 없다. 시스템을 디지털로 전환함으로써 데이터를 축적하고 '인텔리전스'를 뽑아내는 것이 핵심이다. 2014년 PWC컨설팅Pricewaterhouse Coopers Consulting이 CEO들에게 실시한 "향

디지털 트랜스포메이션의 목적은 인텔리전스의 획득이다

후 5년간 기업 비즈니스에 가장 큰 영향을 미치는 요소가 무엇일까?"라는 설문조사에서, 86%의 CEO가 "기술의 진보가 가장 큰 영향을 미칠 것"이라고 답했다. 그것에 대한 기업의 움직임이 바로 디지털 트랜스포메이션이다. 4차산업의 핵심 키워드는 결국 누구든 기존에 알지 못했던 데이터를 통해 새로운 인사이트와 가치를 찾고 만들어내는 것이다.

최근 코로나19의 확산으로 기업들의 재택근무나 원격업무가 늘어나면서 클라우드의 이용이 폭증했고, 결과적으로 기업들의 디지털 트랜스포메이션이 앞당겨지게 됐다. 마이크로소프트Microsoft, 이하 'MS'의 CEO 사티아 나델라Satya Narayana Nadella는 "코로나19가 우리의 일상과 업무에 영향을 미치면서 전 세계는 2년 동

안 이루어져야 할 규모의 디지털 트랜스포메이션이 단 2개월 만에 진행되고 있다"고 말할 정도였다.[11]

디지털로 바꿔야 데이터가 보인다

—

MIT 슬로언 매니지먼트 리뷰MIT Sloan Management Review가 실시한 "디지털 트랜스포메이션에 따른 기업 경쟁력"에 대한 조사에서 업계를 선도하는 기업을 4개 군으로 분류했다. 그중 이미 기존 비즈니스 산업을 디지털 트랜스포메이션한 그룹을 '디지털 마스터Digital Master' 그룹으로 분류했는데, 이 그룹은 업계 평균보다 매출이 9%, 영업이익은 26%, 시장점유율도 12%나 더 높은 것으로 조사됐다. 반면, '아직까지 디지털 트랜스포메이션은 우리 기업과 상관없다'고 생각하는 '비기너Beginner' 그룹의 경우는 매출 −4%, 영업이익 −24%, 시장점유율 −7%로 낮았다. 비기너 그룹에 속한 기업들의 문제는 매출만 줄어드는 것이 아니라 아예 시장에서 사라지는 추세를 보였다는 것이다.

2017년 전 세계 1,600여 개의 매장을 운영했던 미국의 대형 완구업체 토이저러스Toysrus가 파산한 데 이어, 2018년에는 100년

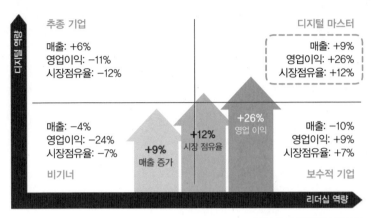

추종 기업

매출: +6%
영업이익: -11%
시장점유율: -12%

디지털 마스터

매출: +9%
영업이익: +26%
시장점유율: +12%

매출: -4%
영업이익: -24%
시장점유율: -7%

+9%
매출 증가

+12%
시장 점유율

+26%
영업 이익

매출: -10%
영업이익: +9%
시장점유율: +7%

비기너

보수적 기업

디지털 역량

리더십 역량

자료: MTT 슬로언 매니지먼트 리뷰

디지털 트랜스포메이션에 따른 기업 경쟁력

역사의 미국 백화점 체인인 카슨스Carson's와 시어즈Sears가 뉴욕 법원에 파산 신청을 했다. 뉴스에서는 하루가 멀다 하고 오프라인 대형 유통업체들의 폐업 소식이 이어지고 있다.

반면, 호텔 하나 소유하고 있지 않은 공유경제업체 에어비앤비AirBnB는, 113개 국가에 6,478여 개 호텔을 운영하는 힐튼홀딩스Hilton Holdings의 시가총액을 넘어섰고, 자동차 하나 소유하고 있지 않은 차량공유업체 우버Uber 역시 전통적인 자동차 제조사보다 시가총액이 높다. 발 빠르게 디지털 트랜스포메이션을 진행하는 기업들의 성장은 눈이 부실 정도다.

　오프라인 매장이 폐업하거나 파산하는 이유는 무엇일까? 온라인 플랫폼 시장이 지속적으로 확장되고 있고, 소비자의 쇼핑 채널 선택이 변화되는 측면도 있지만, 대형 유통업체들은 여전히 점포 수 확장과 시장점유율만을 성장동력으로 삼으며 변화하는 환경에 적응하지 못하기 때문이다.

　2016년 중국 최대 쇼핑몰 알리바바Alibaba의 회장 마윈Ma Yun은 클라우드 자회사 알리윈Aliyun 개발자 축제인 항저우 〈윈치대회云栖大會〉에서 "향후 10~20년이면 전자상거래라는 개념은 사라질 것이며, 온라인상에서 이뤄지는 전자상거래와 오프라인 매장이 결합된 신유통 New Retail 시대가 올 것"이라고 말했다. 마윈은 신유통 시대에는 빅데이터, AI, IoT를 활용하여 고객과 상품 데이터를 수집·분석함으로써 운영 효율은 극대화되고 사용자의 편의는 개선되면서, 생산과 유통, 판매가 지금보다 말할 수 없을 정도로 고도화된 유통 시장이 펼쳐질 것이라고 예측한 것이다.[12]

　과거의 유통이 오프라인 유통업자와 생산자 중심의 판매 방식이었다면, 신유통은 소비자 체험 중심의 데이터 기반 유통 형태로 바뀐다는 것이다. 결국 알리바바와 아마존Amazon과 같이 데이터를 기반으로 유통산업의 혁신을 일으키는 기업들이 주도권을 쥐게 된다는 의미다.

디지털이 적용 안 되는 곳은 없다

—

디지털 트랜스포메이션이 IT 분야에만 국한이 되는 것일까? 절대 그렇지 않다. 현재는 비IT 분야의 영역까지 영향을 미치고 있다. IT 시장 분석기관 IDCInternational Data Corporation 자료에 따르면, 비IT 분야의 IT 지출 비용이 IT 분야보다 45% 정도 높은 것으로 조사됐다.[13]

그중 직원평가나 직무역량을 평가하는 HRMS이 가장 눈에 띄게 디지털화되고 있는 부문이다. 직원들이 어떤 형태로 업무를 하는지에 대해 데이터 기반으로 의사결정을 하는 구조로 변해가는 것이다. 예를 들어, 회사 내 메신저 사용 빈도나 이메일 사용 빈도, 또는 하나의 이메일을 쓰기 위해 몇 분 정도가 소요되는지 디지털화할 수 있다. 또한 업무 효율을 위해 그룹 메신저 서비스라든가 그룹 내 문서를 쉽게 검색할 수 있는 툴이나 AI 서비스 기반의 오피스 제품들도 도입하고 있다.

Human Resource Management System 인사관리시스템. 기업 내의 인사부서에서 처리하는 인적자원 관리 업무라고 할 수 있다.

신입사원을 채용할 때도 면접관이 질문하고 응시자가 답하는 대면 인터뷰가 당연했지만, 최근에는 비대면 인터뷰가 확산되고 있다. 지원자가 AI와 인터뷰를 하는 것이다. 대기업들도 인터뷰의 공정성을 확보하기 위해 면접관이 인터뷰하는 비율을 줄이고 AI와의 인터뷰를 도입하고 있다. 비대면 인터뷰는 음성인식 AI가 질문하면 지원자가 대답하고, 그 음성을 녹음한 이후 평가를 하게 된다. 코로나19와 같은 전 세계적인 팬데믹으로 기업의 신입사원 채용 일정에 차질을 빚으면서 새로운 형태의 면접 문화가 생기고 있다. SK이노베이션SK Innovation의 경우 국내 기업 중 처음으로 채용 전 과정에 비대면 방식을 적용했다. 응시자들을 대

코로나19 이후 비대면 면접은 전 기업에 확대되고 있다

상으로 온라인 심층역량검사를 진행하고, 필기전형은 물론 면접까지 화상면접 방식을 적용한 것이다.[14]

의료시스템에도 변화가 오고 있다. 2021년 12월 기준, 세계적으로 약 2억 6천 5백만 명이 코로나19에 감염되었고, 526만 명 이상이 사망한 것으로 나타났다.[15] 시장조사기관 포레스터 리서치Forrester Research의 수석 애널리스트 에리얼 트즈킨스키는 "소비자가 의료 서비스를 받는 방식을 영구적으로 바꿔놓을 것"이라면서 원격의료로의 전환이 가속화될 것이라고 전망했다.

국내에서는 원격의료 제한 규제가 있어왔지만, 정부 역시 코로나19가 적어도 1년 이상 지속할 수밖에 없는 상황으로 보고 원격의료 도입에 대해 논의하는 상황이다.[16] 미국에서는 코로나19 이후 사람들이 병원을 기피하기 시작하면서, 의사와 환자를 원격으로 연결하는 원격의료 회사의 수요가 폭발했다. 원격의료 소프트웨어기업 암웰Amwell은 원격 상담 수요가 급증하면서 최근 플랫폼 방문이 2,000%나 증가했다. 진단 건수는 미국 워싱턴주에서 700%, 뉴욕에서는 312%가 증가했다. 다국적 회계, 컨설팅업체 맥킨지에 따르면 미국의 원격의료 이용 건수는 코로나19 이전보다 38배 증가했다.[17]

원격 진료가 확산되기 위해 안전하고 정확한 처방약 전달 시스템은 필수 요소인데, 세계 최대 온라인 쇼핑몰 아마존은 아마존닷컴을 통해 처방약을 받을 수 있는 시스템을 구축했다.[18] 아마존 프라임 서비스를 통해 환자들이 약국 방문없이 처방약을 당일 배송 받을 수 있게된 것이다. 코로나19로 인해 특히 노령층에서 비대면으로 약을 구매하고자 하는 수요를 정확히 예측한 것이다.[19]

원격 의료는 비단 노령층이나 거동이 불편한 환자에게만 국한되지 않을 전망이다. 바샤 라오 누어서 CEO는 "기술이 익숙한 밀레니얼, Z세대에게는 원격의료가 차선책이 아닌 최우선책이 될 것"이라고 예측했다.[20]

쏟아져나오는 데이터를 분석하라

—

전 세계에서 한 해 동안 만들어지고 저장되는 데이터 양은 79제타바이트에 이른다. 이 양을 수치로 말하면, 2시간 짜리 고화질 영화(대략 2GB) 395억 개를 저장할 수 있는 용량이다. 2025년 기준으로 181제타바이트 정도가 될 것이라고 전문가들은 추정하고 있다.[21] 앞으로는 더 많은 양의 데이터가 빠르게 쌓이며 그 속도도 점점 빨라질 것이다. 기업들은 이 쏟아져 나오는 데이터를 어떻게 관리할지 고민이 될 수밖에 없다. 어떻게 하면 효율적으로 저장할지, 이제는 사람이 확인할 수 없는 많은 양의 데이터를 어떻게 실시간으로 분석할지, 그리고 데이터에서 어떤 인텔리전스를 획득할 수 있을지 고민하고 있다.

제조업체들도 IT 회사로 탈바꿈하고 있다. IT 업체와 달리 제조업체는 제품을 고객에게 판매하고 나면 고객이 이 제품을 어떻게, 얼마나, 언제 사용하는지 데이터로 측정하기란 쉽지 않다. 하지만 이런 데이터는 기업 입장에서 차기작을 개발하는 데 참고

프라이팬에 온도 센세가 있어 레시피 온도대로 요리가 가능하다

하거나 고객만족도를 높이기 위해서라도 중요한 작업이다. 이를 위해 기업들은 대부분의 제품에 인터넷이 연결된 센서를 달거나, 통신이 지원되는 제품으로 바꾸어 제조하기 시작했다. IT와 전혀 상관이 없는 제품에도 통신 기능을 추가해 데이터를 측정할 수 있도록 만들고 있다. 조리도구제조기업인 HSC Hastancue Smart Cooking System는 프라이팬에 온도 센서를 장착하여 그 열을 휴대폰 어플리케이션이하'어플'으로 확인할 수 있도록 했다. 레시피의 온도대로 요리가 가능하도록 자동온도조절 장치를 접목시킨 것이다.[22]

디지털 트랜스포메이션이 가속화되면서 지금 이 순간에도 방대한 양의 데이터가 클라우드에 저장되고 있다. 기업들은 이 쏟아지는 데이터를 분석하여 기존의 서비스와 제품을 혁신하는 데 활용하고 있다.

점입가경, 치열한 글로벌 클라우드 서비스 시장

—

디지털 트랜스포메이션에 적용되는 많은 IT 기술들은 대부분 클라우드에서 제공하고 있다. 그렇다면 클라우드 서비스는 누가 제공하는 것일까? 현재 전 세계 클라우드 서비스 시장을 이끄는 업체는 아마존의 AWS, MS 애저Azure, 구글 클라우드Google Cloud,

IBM 소프트레이어Softlayer, 알리바바 클라우드Alibaba Cloud 등이 있다. 넷플릭스를 비롯하여 애플Apple, 삼성전자 등 글로벌 기업도 대부분 이들 업체의 클라우드 서비스를 이용하고 있다.

코로나19 펜데믹으로 급증한 클라우드 수요로 인해 2021년 3분기 클라우드 지출 규모는 494억 달러로 2020년 3분기 365억 달러 대비 35% 증가하였다.[23]

온라인 쇼핑몰 아마존닷컴Amazon.com으로 더 유명한 아마존은 어떻게 클라우드 서비스 시장의 점유율 1위 기업이 되었을까? 온라인 쇼핑몰은 무엇보다 서버와 저장장치를 막힘 없이 운영하는 것이 중요하다. 특히, 크리스마스나 블랙데이와 같은 특정 이벤트가 있는 시기에는 매출과 접속량이 폭증하게 되는데, 이를 잘 대비하지 않으면 사이트가 마비되거나 접속 속도가 떨어지는 상황이 발생한다. 아마존이 일찌감치 클라우드 서비스 시장에 뛰어든 이유다. 아마존은 언제 어디서든 빠르게 접속하고 유연하게 서비스할 수 있는 인프라를 구축하는 데 클라우드의 필요성을 절감하게 되면서 본격적인 클라우드 서비스 사업에 뛰어들었다.

그러나 MS 애저의 성장률도 무섭다. 32%의 점유율로 업계 1위인 AWS의 성장률이 39%였던 것에 반해, 시장점유율 21%인 2위 MS 애저의 성장률은 5분기 연속 51%로 AWS 뒤를 바짝 좇고 있다. 구글 클라우드 역시 8%의 시장점유율과 54%라는 성장

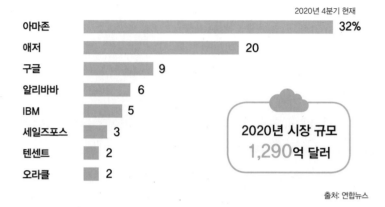

출처: 연합뉴스

세계 클라우드 서비스 시장 규모

률을 보이면서 클라우드 서비스 시장의 경쟁은 심화되고 있다.[24]

국내 클라우드 서비스 시장은 AWS와 MS 애저가 60% 이상을 차지하고 있다. 국내에서도 정부의 클라우드 확산 정책에 힘입어 국내 업체들이 고속 성장을 하고 있다. 한국IDC 2021년 보고서에 의하면 국내 클라우드 시장은 향후 5년간 연평균CAGR 15%로 2025년에는 2조 2189억원 시장으로 성장할 것으로 예상했다. 국내에는 KT, 네이버, NHN과 같은 기업들은 직접 클라우드 서비스를 제공하는 공급자CSP, Cloud Service Provier로 메가존, 베스핀 글로벌, SK C&C, 삼성 SDS, LG CNC는 CSP 업체의 클라우드 제

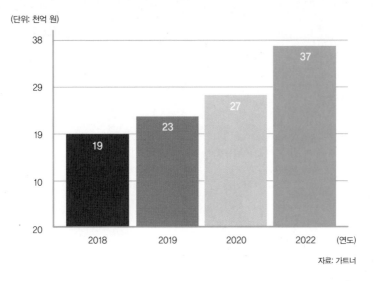

(단위: 천억 원)

국내 클라우드 서비스 시장 규모

자료: 가트너

품을 판맨하는 MSP_{Managed Service Provider} 사업자로 클라우드 서비스 시장에 뛰어들고 있다. 전통적인 통신회사인 SK Telecom이 최근 분사이후 MSP 사업자로 클라우드 시장에 뛰어든 점이 눈에 띈다.[25]

클라우드가 도대체 무엇이길래 세계적인 IT 기업들이 이 시장에 뛰어들고 있는 것일까? 다음 장에서 본격적으로 클라우드에 대해 들여다보도록 하자.

왜 지금,
클라우드인가

Part 02

디지털 트랜스포메이션의 핵심, 클라우드

—

클라우드는 단순한 IT 기술이 아니다. 4차산업의 핵심이라고 할 수 있는 데이터를 수집하고 분석하여 비즈니스에 활용하는 가장 최적화되어 있는 플랫폼이다. 왜 클라우드는 4차산업 비즈니스에 최적화되어 있을까?

클라우드가 제공하는 서비스는 단순히 데이터를 저장하는 저장공간에서부터 AI, IoT, 블록체인 심지어 인공위성 서비스에 이르기까지 활용 범위 또한 상상을 초월한다. AWS가 제공하는 서비스의 종류만 해도 약 175개에 달한다. 클라우드 서비스를 이용하는 기업 입장에서는 마치 레고 블록을 조합하듯 필요한 기술을 결합하여 원하는 비즈니스 모델을 만들 수 있다. 이것을 가능하게 하는 것이 클라우드다.

예를 들어보자. 1955년 서양식 여관 '금수장'으로 시작한 호텔 전문 기업 앰버서더Ambassador 그룹은, 2018년 호텔 체인 중 하나인 노보텔Novotel 앰버서더 동대문점을 이른바 '스마트호텔'로 개관했다. 이 호텔은 예약부터 퇴실까지 모두 AI로 운영된다. 이 호텔에서 제공하는 서비스에 따라 투숙객의 이용 시나리오를 그려보자. 우선 투숙객은 모바일 어플로 객실 예약을 한다. 투숙 당일 객실로 들어가면 AI 음성비서에게 조명을 켜달라고 말한 뒤, 실내온도는 25도 맞춰달라고 요청한다. 필요한 객실용품도 음성비서에게 요청하면, 객실까지 호텔 로봇이 배달을 해준다. 다음 날 체크아웃도 객실 안에서 이용요금을 확인 후 결제하고 퇴실한다.[26]

이 스마트한 호텔 서비스에는 어떤 IT 기술이 들어가 있을까? 우선 모든 서비스를 음성으로 가능하게 해주는 AI 음성인식 기술이 필요하다. 그리고 조명, 냉난방, TV를 인터넷으로 제어해주는 IoT 기술을 적용해야 한다. IoT는 책상, 자동차, 가방, 나무 등 세상에 존재하는 모든 사물이 인터넷으로 연결되는 기술이다. 룸서비스를 배달하는 무인 로봇이 움직이는 데는 지형지물

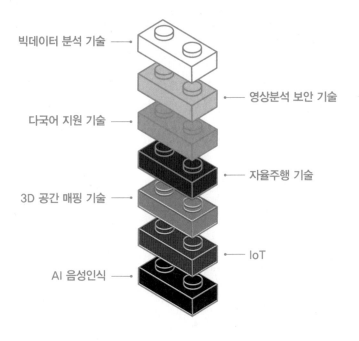

빅데이터 분석 기술 ——

영상분석 보안 기술 ——

다국어 지원 기술 ——

자율주행 기술 ——

3D 공간 매핑 기술 ——

IoT ——

AI 음성인식 ——

스마트호텔 사업 모델을 위한 IT 기술의 조합

을 알아서 파악하는 3D 공간맵핑 기술과 자율주행 기술을 도입해야 한다. 그리고 외국인 이용객을 위해 다국어 지원 기술과 호텔 내외부의 침입과 배회를 감지하는 지능형 영상분석 보안 기술이 필요하다.

이처럼 하나의 사업모델을 만들기 위해 수많은 첨단의 IT

기술이 필요하다. 그러나 이 모든 서비스를 하나의 기업이 일일이 개발하여 만들어 쓴다는 것은 사실상 불가능하다.

클라우드 서비스업체들은 노보텔 앰버서더처럼 여러 기술을 결합하여 하나의 완성된 서비스를 만들려는 기업을 위해 '지상의 모든 IT 기술'을 끌어모아 클라우드에서 제공하기 시작했다. 이렇게 기업이 자체적으로 구축한 IT 인프라가 아닌 클라우드 서비스업체의 IT 인프라를 빌려 온라인에서 모든 정보를 원격으로 처리하는 기술을 클라우드 컴퓨팅Cloud computing이라고 한다. 클라우드 컴퓨팅은 레고 블록처럼 이 기술들을 필요에 맞게 쉽게 결합했다가도 필요가 없으면 쉽게 떼어내는 능력을 가지고 있다. 노보텔 앰버서더 역시 이러한 클라우드 컴퓨팅의 힘을 빌려 하나의 스마트호텔을 탄생시켰다.

호텔 입장에서는 스마트호텔을 운영하면서 나온 데이터들은 이른바 '금광'이다. 클라우드 서버에 저장된 데이터는 AI 빅데이터 플랫폼에 의해 분석되고 학습되면서 고객에게 지속적인 개인 맞춤형 서비스를 할 수 있도록 발전하게 된다. 그리고 이 데이터들은 고객의 니즈needs를 파악하여 좀더 나은 서비스로 개선하거나, 또 다른 사업모델을 만드는 데 활용된다.

클라우드 탄생의 시작, 빅데이터

—

오늘날 데이터 양의 폭증은 클라우드를 탄생시킨 배경이기도 하다. 인터넷 초창기였던 1994년, 사람들은 인터넷 익스플로러 Internet Explorer와 넷스케이프 Netscape 등과 같은 웹브라우저를 통해 문서나 이미지 등의 정보를 검색하거나, 인터넷으로 편지를 주고받는 이메일 e-mail이라는 새로운 매개체를 이용하여 소통하게 된다. 2000년대 초반에 들어서자 국내에서는 블로그나 싸이월

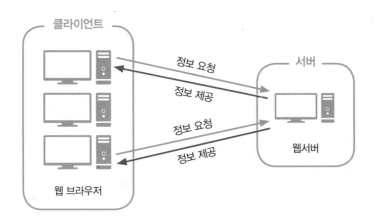

하나의 서버에 데이터를 요청하고 제공받는 서버-클라이언트 기술

드Cyworld와 같은 사회관계망서비스Social Network Service, SNS가 발전하기 시작했다. 이때까지 인터넷에서 주로 사용하던 기술은 서버-클라이언트Server-Client 기술이었다. 웹브라우저라는 '클라이언트'가 정보를 요청하면, 데이터를 저장하고 있는 '서버'가 정보를 제공한다. 그러나 지금은 서버와 사용자가 데이터를 주고받던 단순한 서버-클라이언트 기술에서 더 나아가, 블록체인에서 주로 사용

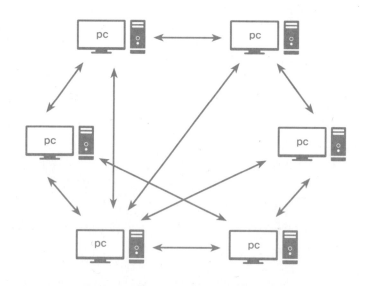

중앙 서버가 없이 PC끼리 데이터를 공유하는 P2P 기술

하는 **피어-투-피어** 기술이나 모바일과 IoT에서 많이 사용되는 이벤트-버스Event-Bus라는 모델 등을 활용해 손쉽게 서비스를 개발하고 있으며, 여기에서 발생하는 방대한 양의 데이터들을 기업과 개인이 활용하도록 제공하는 클라우드 시대로 옮겨가고 있다.

데이터 폭증을 이끈 모바일 비즈니스

—

이 모든 변화의 시작은 애플의 아이폰 iPhone이 등장하면서부터다. 애플의 창업자 스티브 잡스Steve Jobs는 2007년 1월 9일 〈맥월드Macworld 2007〉에서 1세대 아이폰을 발표하면서 다음과 같이 말했다.

"터치로 조작할 수 있는 대화면의 아이팟, 혁신적인 휴대폰, 그리고 획기적인 인터넷 통신기기입니다. 아이팟과 휴대폰, 그리고 인터넷 통신기기. 이것은 각각 3개의 제품이 아닙니다. 단 하나의 제품입니다. 우리는 이 새로운 제품을 '아이폰'이라고 부릅니다."

아이폰은 단순한 통화 기능을 뛰어넘어, 전화를 하며 인터넷을 할 수 있고, 앱스토어Appstore에 등록된 수백만 개의 어플을 통해 모든 생활의 중심을 모바일로 모이도록 바꿔놓은 것이다.

특히 모바일게임이나, SNS, **인앱광고** 등을 서비스하는 기업들은 폭발적인 성장을 거두게 된다. 본격적인 모바일 비즈니스 시대가 열린 것이다. 아이폰에 맞서 구글의 안드로이드OS도 삼성을 위시한 여러 회사의 스마트폰에 설치되어 출시되기 시작했다.

클라우드 서비스업체들도 스마트폰의 활용성이 넓어지면서 이에 맞춰 모바일 **푸시 알림** 기능이나, **오픈아이디** 로그인 서비스 등을 잇따라 출시하기 시작했다. 개발자들이 어플 개발에만 집중하도록 부가적인 서비스들은 클라우드에서 쉽게 사용할 수 있도록 제공한 것이다.

이렇게 언제 어디서나 인터넷 접속이 가능해진 모바일 환경이 만들어지면서, 데이터의 양은 기하급수적으로 증가한다. 여기에 IoT, 즉 기존에는 인터넷과 동떨어져 사용되던 장비들이 센서로 인터넷에 연결되면서 데이터양은 상상할 수 없을 정도로 늘어났다. 모바일 비즈니스 초창기만 하더라도 이런 데이터들은 기술적인 한계로 수집되지 못하거나, 마땅한 인사이트를 찾지 못한 채 버려지는 것이 일반적이었다. 그러나 몇몇 기업들이 의미 없이 버려진 데이터들을 활용하여 비즈니스를 성공시키는 사례가 생기면서 그 중요성이 새롭게 부각됐다. 이른바 '빅데이터'의 탄생이었다.

이러한 흐름에 맞춰 클라우드 서비스업체들은 대규모의 데이터를 초기 투자비 없이 저장할 수 있는 빅데이터 분석 서비스를 자연스레 제공하기 시작했다. 인간의 분석 한계를 넘어서는 데이터의 폭발적인 증가로 AI를 활용한 데이터 분석이 필수가 되면서, 클라우드에서도 AI와 관련된 서비스들을 제공하기 시작한 것이다. 이렇게 분석된 데이터들이 모바일 어플과 같은 소프트웨어뿐만 아니라 가상현실·증강현실 장비에서도 활용되자, 클라우드 서비스업체도 발빠르게 클라우드를 통해 가상현실·증강현실 기술을 사용할 수 있도록 했다.

IT 블랙홀, 클라우드

—

2016년 세계경제포럼에서 예상했던 것처럼 AI와 IoT, 빅데이터 등의 기술들은 이제 우리 생활 깊숙이 들어와 여러 분야에서 역할을 하고 있다. 그런데 개별적으로 서비스되던 이 기술들이 지금은 전부 클라우드 안으로 들어와 있다. 이제 IT의 새로운 기술들이 탄생되면 모두 클라우드 안에서 빌려쓸 수 있는 수준에 이르렀다. 그야말로 클라우드는 모든 IT 기술을 빨아들이는 'IT의 블랙홀'이 되었다. 2018년 전 국민적 관심을 불러일으켰던 가상화폐의 핵심기술 블록체인도 클라우드에서 제공하고 있다.

그렇다면 앞으로 쏟아져 나올 IT 핵심기술들은 어떨까. 최근에는 IT 산업을 근본적으로 바꿀 핵심기술로 양자컴퓨터Quantum computer가 이야기되고 있다. 시장조사기관 홈랜드시큐리티리서치Homeland Security Research에 따르면, 세계 양자컴퓨터 시장은 2024년 100억 달러(약 11조 9천억 원)를 돌파할 것으로 내다보고 있다. 양자컴퓨터란 양자역학적 현상을 이용해 다수의 정보를 동시에 연산할 수 있도록 구현된 컴퓨터다. 기존의 컴퓨터가 300자리 정수를 소인수분해하는 데 백만 년이 걸린다면, 양자컴퓨터는 성능에 따라 1초만에도 이를 계산할 수 있다. 양자컴퓨터가 기존 컴퓨터

클라우드 플랫폼에 들어온 최신 IT 기술

에 비해 월등한 연산속도를 가지고 있기 때문에 기존 산업에 미칠 파급력은 상당하다. 특히, IoT, 빅데이터, AI 등 급속한 기술 발전과 맞물려 처리해야 할 데이터 양이 급증하면서 빠른 연산처리능력을 갖춘 양자컴퓨터를 활용하려는 기업들의 수요가 증가하고 있다.[27] AWS가 이 양자컴퓨터를 클라우드로 서비스하겠다고 나선 것이 이상할 이유가 없다.

AI에 올인하는 기업들

—

최근 글로벌 IT 기업들은 국내외를 막론하고 AI 서비스에 '올인'하고 있다. '생필품'이 되어버린 스마트폰 안에는 이미 음성인식 서비스가 우리 생활 안에 깊숙이 들어와 있고, TV나 전화, 문자, 네비게이션 등을 음성인식 서비스로 이용하는 것은 이제 일반적이다. 음성인식 서비스는 AI 기반의 빅데이터 솔루션들이 함께 결합되어 있는 기술이다.

쇼핑을 할 때도 추천 알고리즘을 활용하여 사용자의 쇼핑패턴을 분석한 뒤, 선택적으로 광고를 하는 것은 이미 보편화되어 있는 마케팅 기법이다. 예를 들어 사용자가 A상품을 검색하고 장바구니에 담아두었거나, 해당 상품을 클릭 후 상품 후기나 상품 상세 정보를 검색했다고 하자. 며칠 뒤, 그 사용자가 해당 쇼핑몰에 다시 로그인을 하면 며칠 전 검색한 상품의 유사 상품을 추천하거나 특별 할인 행사들이 배너로 노출되는 것을 경험해보았을 것이다. 이것은 이미 AI 기반의 빅데이터 서비스로 사용자를 인식하고 사용자의 니즈를 맞춰주는 시스템까지 이뤄지고 있다는 것을 의미한다. 빅데이터로 촉발된 데이터 분석 경쟁은 결국 개인화 서비스로 옮겨가게 된다.

금융업계도 AI를 접목한 서비스들이 속속 등장하고 있다. 신한금융그룹의 경우, AI가 금융상품을 추천하는 서비스를 출시했다.[28] AI가 과거 30년간의 금융 투자 빅데이터를 빠르게 분석하여 금융시장을 예측한 뒤, 고객에게 상품을 추천하는 것이다. 이 AI를 통해 투자자문을 얻으면, 기존보다 50% 이상의 정확도와 정밀도를 얻을 수 있다.

2019년 현대차그룹은 2025년까지 61조를 투자하여 '지능형 모빌리티 회사'로의 변신을 선언했다. 이 계획에는 자율주행과 전기차 등의 미래사업이 포함되어 있는데 그중 '통합 모빌리티 플랫폼'을 구축한다는 계획이 핵심이다. 이것은 자동차 생산

> **모빌리티|mobility** 전통적인 교통수단에 IT를 결합해 효율과 편의성을 높인 서비스를 말한다. 자율주행차나 우버와 같은 차량공유서비스가 대표적인 모빌리티 산업이다.

뿐 아니라 AI를 기반으로 한 다양한 솔루션을 제공하는 기업으로 거듭나겠다는 것이다. 즉, 자동차정비와 관리는 물론이고, 금융과 보험, 쇼핑, 배송, 음식주문 등의 서비스까지 차량과 결합하여 여기서 발생하는 빅데이터를 확보함으로써 맞춤형 사업을 전개하겠다는 것이다.[29]

기업은 클라우드에 쌓인 빅데이터에서 통계 자료를 얻고, 이를 실제 비즈니스에 접목하기 위해서는 AI가 반드시 필요하다. 대부분의 모바일 게임에서는 AI가 게이머의 게임 패턴을 학습하여 게이머의 실력에 맞게 레벨을 자동으로 조절해준다. AI

를 통한 게임 유저의 실력을 학습해 수준을 맞춰줘 게임 몰입도

를 극대화시켜주는 것이다. 실제로 게임 〈앵그

리 버드Angry Bird〉 제작회사 로비오Rovio는 이러한

기계학습 모델을 통해 너무 쉽지도 않고, 너무

어렵지도 않는 적당한 난이도로 게임 레벨을

조절하고 있다.

　의료 분야 역시 AI와의 융합을 발빠르게 시도하고 있다. 미국 뉴잉글랜드에 위치한 다트머스히치콕병원Dartmouth-Hitchcock은 스마트워치 형태의 웨어러블wearable 디바이스에 AI 서비스를 접목하여 환자의 상태를 모니터링한다.[30] 환자에게 이상 증세가 발견되면, AI 스피커를 통해 환자에게 실시간으로 응급처치 방법을 문자나 웨어러블 디바이스를 통해 알려줌으로써 환자의 건강을 안전하게 지켜주고 있다. 이처럼 모바일과 웹에서 AI 기반 서비스는 이제 필수가 되었다. 애플 역시 아이폰과 연동되는 스마트워치인 애플워치7Applewatch7에 심전도 측정 기능을 탑재했다. AI가 사용자의 심전도를 분석해 이상신호를 파악하는 것이다. 이 기능을 통해 병원을 가지 않고도 손목에 찬 시계로 부정맥을 조기 발견할 수 있게 되었다. 실제로 영국에서는 이 심전도 기능의 '심방세동심방근의 많은 부분이 동시에 불규칙적으로 통제없이 수축하는 상태' 알림을 받은 30대 남성이 곧바로 병원으로 가 검사한 결과 '심장세동' 진단을

받고 수술을 진행하여 생명을 구하기도 했다.[31]

기업 입장에서는 고객과 밀접한 거리에서 데이터를 축적할 수 있는 서비스가 AI 서비스이기 때문에, SK텔레콤SKtelecom의 AI 음성인식 비서 누구Nugu를 비롯하여, MS의 코타나Cortana, 아마존의 알렉사Alexa, 구글의 어시스턴트Assistant 등 실생활에서 바로 사용할 수 있는 음성인식 스피커를 필두로 클라우드 서비스 업체 간 경쟁도 점점 더 치열해지고 있다. 클라우드는 4차산업의 핵심 기술인 AI와 결합되면서 기존 서비스들을 파괴적으로 혁신하고 있다.

애플워치4는 AI 심전도 측정 기능을 탑재했다

이처럼 스타트업이든 대기업이든 제품을 출시하는 데 있어 AI 기술은 필수가 되었다. 그러나 일반기업이 빅데이터 플랫폼을 갖추고 일일이 학습하기에는 비용부담뿐 아니라 전문 인력의 수급도 문제다. 비용을 들여 투자를 한다고 해도 시장 진입 시기를 놓칠 수도 있다. 클라우드 서비스업체가 AI와 빅데이터 플랫폼과 같은 IT 핵심기술을 클라우드 플랫폼에서 제공하는 이유가 여기에 있다.

AI가 소프트웨어를 먹어치운다

—

오늘날 글로벌 트렌드는 소프트웨어 중심으로 돌아가고 있다. "소프트웨어가 세상을 먹어치운다Software is eating the world." 2011년, 넷스케이프의 설립자 마크 안드레센Marc Andreessen이 한 말이다. 그 때만 해도 하드웨어 제조업체들이 세상을 지배하는 것처럼 보였다. 그후 아이폰이 등장하면서 수많은 IT 기술들이 스마트폰으로 모이기 시작했다. 그러나 아이폰을 '아이폰답게' 만든 것은 수많은 어플과 아이튠즈, 스마트폰에서 웹서핑을 가능하게 해준 사파리Safari 브라우저와 같은 소프트웨어의 힘이었다. 사람들은 태

플릿PC, 아이패드, 증강현실 기기 등 하드
웨어가 세상을 변화시킬 것이라 생각했지
만, 마크 안드레센의 말처럼 세상을 변화시
킨 것은 소프트웨어였다.

아이튠즈iTunes 2001년 애플이 출시한 미디어 프로그램. 모바일로 음악과 영화, TV 등 각종 미디어 콘텐츠를 소비하는 채널을 개척했다는 점에서 '유통의 혁신'으로 평가받는다. 이후 콘텐츠 유통시장의 성장으로, 2019년부터 애플뮤직, 애플 팟캐스트, 애플TV, 애플북스 등으로 나누어 서비스된다.

"AI가 소프트웨어를 먹어치운다AI is eating
software." 2017년 열린 엔비디아 NVIDIA 개발자 컨퍼런스에서 엔비
디아 CEO 젠슨 황 Jensen Huang이 한 말이다. 소프트웨어의 발전은
세계 글로벌 경제와 환경을 바꾸고 있다. 현재 수많은 소프트웨
어는 클라우드 서비스로 집약되고 있다. 젠슨 황이 그 변화를 읽
은 것이다. 클라우드 서비스업체는 기존에 제공하지 못했던 전문
영역의 소프트웨어, 즉 백신이나 보안 프로그램까지도 제공하는
수준에 이르렀다. 우리가 접하고 있는 4차산업의 핵심기술은 대
부분 소프트웨어 기반이며, 그 기술들은 이미 클라우드에서 서비
스되고 있다.

2018년 MS는 시가 8조 원을 들여 깃허브GitHub를 인수했다.
소프트웨어 개발자들 사이에서 깃허브는 개발자들의 놀이터이자
성지와 같은 곳이다. 2008년 설립된 깃허브는 2,800만 명의 소
프트웨어 개발자들이 8,500만 개에 달하는 소스코드를 저장하고
있는 세계 최대 소프트웨어 개발 플랫폼이다. 개발자들은 자신
이 개발한 프로그래밍 소스코드를 깃허브에 공유하고, 이를 다른

개발자들이 검증하거나 아이디어를 더하는 방식으로 협업하면서 발전시켜나간다. 깃허브는 개발자 생태계에서 막강한 영향력을 지녀 애플, 아마존, 구글, 페이스북 등 거대 기업부터 스타트업까지 7,300만 개발자와 약 400만 개 기업이 사용하고 있다.[32] 깃허브 같은 커뮤니티에 올라오는 다양한 요구사항들이 실제 클라우드 플랫폼의 신규서비스나 기능개선사항으로 반영되고 있다. 2015년 깃허브의 기업가치는 20억 달러(약 2조 4,300억 원)로 평가받았으나, 뚜렷한 수익을 내지 못해 경영난에 시달려왔다. 그러던 중 MS가 어마어마한 돈을 들여 깃허브를 인수했다. 그 이유는 소프트웨어 개발자 커뮤니티를 품고 확장하기 위해서였다. 즉, 깃허브를 인수함으로써 우수한 개발자를 확보하는 데 유리한 고지에 설 수 있었던 것이다. 이는 클라우드 시장의 잠재력을 가늠할 수 있는 사건이다.

클라우드 대전

—

최근 IT 업계는 '클라우드 대전'이라는 말을 사용할 정도다. 세계 주요 IT 기업들이 클라우드라는 새로운 싸움터로 모두 집결하고 있기 때문이다. 이로 인해 인력 채용 경쟁에도 불이 붙었다. 한 온라인 쇼핑몰에서는 AI 개발자를 두 배 높은 연봉을 주고 스카우트하는가 하면, 전자상거래 전문가를 영입하기도 했다. 유통업체 또한 IT와 관련된 인재를 채용해 온라인 쇼핑 공간을 선점하기 위해 애쓰고 있다. 맥킨지글로벌연구소 MGI에서는 전 세계 유통업계에 AI를 접목했을 때 창출되는 경제적 가치가 최대 8천억 달러(약 970조 원)에 달하는 것으로 추정했다.

그러나 국내 IT 업계는 현재 클라우드 전문 인력이 턱없이 부족한 상황이다. 특히 유통업계의 클라우드 전문 인력의 수요는 폭발적으로 늘고 있지만, 인력을 구하기란 하늘의 별 따기다. 클라우드 서버, AI 개발, 빅데이터의 최고 전문가들은 이미 아마존이나 구글 등 글로벌 기업에서 일하고 있고, 삼성, SK 등 IT 전문 대기업이 대부분 인력을 확보하고 있다. 이 때문에 스카우트 제의를 받거나 신규 IT 기술자들의 몸값은 천정부지로 치솟고 있다. 유통업계의 IT 인력 쟁탈전은 앞으로 더욱 심화될 것으로 보인다.

클라우드의 매력
무엇인가

Part 03

클라우드 없이 <오징어 게임>도 없다

—

전 세계인들이 코로나19로 활동에 제약을 받으면서 집 안에서 즐길 수 있는 서비스들의 사용이 폭증했다. 그중 넷플릭스는 2021년 3분기에만 전 세계 가입자 수가 460만 명이 늘어 전 세계 누적 가입자 수가 2억 1,360만 명이 되었다.[33] 넷플릭스는 한 달에 최소 1만 700원만 내면 영화와 TV 프로그램 등의 영상 콘텐츠를 맘껏 볼 수 있는 온라인 동영상 스트리밍 서비스다.[34] 시장 조사업체 닐슨코리아 클릭에 따르면 국내 월간 활성 이용자수는 808만 3,501명에 이른다. 특히 최근 전 세계적으로 흥행에 성공한 〈오징어 게임〉 출시 이후 첫 4주 동안 전 세계 1억 4,200만 명이 이 드라마를 시청했다.[35] 이러한 사용자와 서빗 폭증에도 넷플릭스는 트래픽이 정체되는 일 없이 전 세계인들에게 동영상 서비스를 무리없이 제공했다. 이유가 있다. 넷플릭스는 혹시 모를 데이터 폭증을 대비해 오래전부터 클라우드 기반 인프라 환경을 준비해왔기 때문이다. 2016년 1월, 넷플릭스는 직접 운영하던 데이터센터에서 AWS의 클라우드 기반 데이터센터로 모든 데이터를 옮기는 작업을 완료했다.

2021년 3분기 460만 명의 신규 가입자를 확보한 넷플릭스

1998년, 30명의 직원과 925개의 콘텐츠를 갖추고 비디오테이프 임대 서비스를 시작한 넷플릭스는, 한 달에 5달러만 내면 무제한으로 비디오테이프를 빌려볼 수 있는 서비스로 급성장했다. 그러나 수익성은 생각만큼 좋지 못했다. 이후 2005년, 3만 5천 개의 콘텐츠에 매일 1백만 개의 DVD를 유통하는 온라인 콘텐츠 대여 업체로 거듭나게 된다. 승승장구하던 넷플릭스는 여기에 멈추지 않고 2007년 인터넷 동영상 스트리밍 서비스를 시작하면서 다시 한 번 전환을 맞는다. 수많은 가입자를 바탕으로 21세기폭스, 워너브라더스 등 쟁쟁한 영화 배급사의 콘텐츠부터 ABC채널의 드라마까지 영역을 확대하여 대형 콘텐츠 제작자와 계약을 맺으며 급격하게 성장하기 시작했다.[36] 2021년 3분기 기준으로 가입자 수는 전 세계 2억 1,360만 명에 이르며, 나스닥에 상장된 넷플릭스의 시가총액은 2,946억 달러(2021년11월 기준 약 347조 원)에 달한다.[37]

그러던 넷플릭스에게도 위기는 있었다. 2008년 재앙 같은 일이 닥치고 말았다. 넷플릭스가 직접 운영하던 데이터센터의 장애로 전체 서버가 다운되고 3일이나 DVD 배송이 중단되는 사태가 벌어진 것이다. 넷플릭스에게 주어진 선택지는 두 가지였다. 넷플릭스를 세계 최고의 데이터센터 운영 기업으로 혁신하거나, 클라우드 기반의 데이터센터로 이전하는 것이었다.

넷플릭스는 결국 클라우드 컴퓨팅의 확장성과 다양한 서비스를 선택하기로 결정한다. 클라우드 기반의 데이터센터로 이전할 경우, 수천 개 이상의 가상 서버를 추가하고 단 몇 분 내로 페타바이트 단위의 스토리지를 담을 수 있기 때문이다.

그때 당시에도 수천 편의 영상과 수백만 명의 고객들이 이미 어마어마한 양의 데이터를 생성해내고 있었다. 넷플릭스는 자체 데이터센터로는 셀 수 없이 증가하는 데이터 양을 감당하기에는 무리였다.

하지만 데이터 이전을 위해서는 기존 인프라를 완전히 새롭게 설계해야 했다. 일체형으로 된 기업 시스템을 고스란히 이전할 수도 있었지만 그렇게 할 경우 기존 데이터센터에 존재하던 문제점들을 그대로 가져가는 격이었다. 결국 넷플릭스는 전체 인프라를 재설계하고, 넷플릭스의 기존 방식을 근본적으로 바꾸기로 결정한다.

넷플릭스는 2008년 AWS로 데이터 이전을 시작하여 8년간의 꾸준한 노력 끝에 2016년 드디어 최종 완료하게 된다. 이로써 스트리밍 서비스에 사용하던 넷플릭스의 데이터센터도 운영을 종료하게 되었다.

넷플릭스는 클라우드 기반으로 데이터센터를 이전하면서 여러 가지 이점을 누리게 되었다. 2016년 기준으로, 2008년에 비해 스트리밍 서비스 이용 회원 수가 8배 증가했으며, 8년간 전반적인 시청량이 1천 배가량 증가하는 등 회원들의 서비스 이용도 더욱 활발해졌다.

넷플릭스의 클라우드&플랫폼 엔지니어링 부사장인 유리 이즈라일예브스키Yury Izrailevsky는 "자체 데이터센터에서 이러한 급성장을 지원하기란 매우 어려웠을 것이고, 필요한 만큼의 서버를 제때 설치하는 일조차 버거웠을 것이다. 그러나 클라우드의 탄력성 덕분에 이제 수천 개의 가상 서버와 페타바이트급 저장 용량을 단 몇 분 내에 추가할 수 있게 되어 빠른 확장이 가능해졌다"고 말했다.

비용 절감이 클라우드로 이전한 주요 이유는 아니었지만, 영화 한 편을 스트리밍하는 데 드는 클라우드 비용이 데이터센터 운영 시 드는 비용의 극히 일부에 불과한 것으로 나타나면서 비용 절감이라는 부수적 효과도 따라왔다. [38]

이제 데이터센터는 없다

—

넷플릭스가 8년에 걸쳐 클라우드 기반의 데이터센터로 옮긴 데는 폭증하는 데이터 양을 효율적으로 관리할 수 없는 기존 데이터센터의 운영방식을 벗어나야 했기 때문이다. 데이터센터를 구축하고 운영을 위해서는 적지 않은 초기 비용이 발생한다. 데이터센터 규모에 따라 차이가 있지만, 네이버를 예로 들면, 네이버가 계획하고 있는 제2데이터센터의 구축 비용만 5,400억 원에 달한다.[39] 데이터센터의 규모에 따라 건물을 짓지 않고, 이미 지어진 건물 내 공간을 빌려 IT 인프라를 세팅하기도 하지만, 기본적으로 데이터센터는 규모를 불문하고 발전기, 정전 방지를 위한 UPS, 일정한 온도 유지를 위한 항온항습 설비 등을 갖춰야 한다. 무엇보다 가장 큰 문제는 데이터센터를 만드는 데 걸리는 시간이다. 지금처럼 하루가 다르게 변화하는 시대에 데이터센터 건축에 소요되는 시간은 굉장한 리스크일 수밖에 없다.

미래학자 니콜라스 카Nicholas Carr는 클라우드를 "인터넷을 통해 IT 인프라를 원할 때 언제든지 사용하고 사용한 만큼만 비용을 내는 서비스"로 정의하고 있다. 클라우드는 IT 인프라를 구축하는 데 초기 비용이 들지 않는다. 서버를 구매하거나 서버 놓을 공간 확보할 필요가 없다는 뜻이다. 클라우드 환경에서는 니콜라스 카의 말처럼 언제든 필요한 시점에 필요한 서비스를 사용할 수 있기 때문에 기존에 고정적으로 들어가던 IT 인프라 비용을 줄일 수 있다.

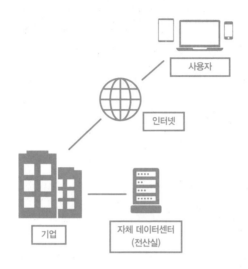

기업이 직접 데이터센터를 구축하는 '온-프레미스'

기업이 모든 IT 인프라를 원격관리하는 '클라우드'

데이터센터나 전산실을 구축하는 데도 비용이 들어가지만 유지관리비 역시 고정비용에 해당된다. 눈에 보이지 않지만 고려돼야 하는 간접비용이다. 클라우드 기반에서는 데이터가 늘어나면 무제한으로 저장공간을 생성하면 된다. 데이터가 필요하지 않으면 삭제하면 그만이다. 그에 따르는 비용을 지불할 일도 없어진다. 또한 모든 IT 인프라를 프로그램 하나로 관리가 가능하다. 클라우드의 코드형 인프라 Infrastructure as Code, IaC라는 기술이 원격으로 모든 것을 관리해주기 때문이다.

기존의 기업들은 넷플릭스처럼 직접 자체 데이터센터를 짓

클라우드는 데이터센터의 구축과 유지비용을 절감한다.

거나 회사 내에 전산실을 운영해왔다. 또는 외부 데이터센터의 공간 일부를 빌려 IT 인프라를 구축해 사용했다. 이런 방식을 온-프레미스On-Premises 방식이라고 한다. 반면 클라우드 방식은 데이터센터를 구축할 필요가 없다. AWS, MS 애저와 같은 클라우드 서비스업체의 웹사이트에 접속하여 네트워크, 스토리지, 서버 등이 갖춰진 가상의 데이터센터를 단 몇 분이면 만들 수 있다. 여기에 더해 최신의 IT 기술들을 결합할 수 있다는 것이 가장 큰 장점이다. 보안에 있어서도 점점 더 안정화되고 있다. MS는 2015년부터 보안 분야에 1조 원을 투자해 3,500여 명의 보안 전문가가 근무하는 보안센터를 운영하고 있다.[40] 또한, 클라우드 환경에서는 데이터가 계속 축적되기 때문에 AI와 결합된 보안 서비스로 진화하고 있다.

디지털로 옷 바꾸는 기업들

—

국내 역시 대기업을 중심으로 빠르게 클라우드 전환이 이루어지고 있다. SK그룹은 2022년까지 무려 3조 원을 투입해 전 계열사 주요 시스템의 80%를 AWS와 MS 애저의 클라우드 기반 데이터센터로 옮기기 시작했다. 그룹 내의 데이터를 클라우드로 옮기는 것뿐 아니라, 모든 계열사의 비즈니스 모델과 정체성을 디지털 기업으로 완전히 탈바꿈하겠다는 것이다. 국내 클라우드 시장이 2017년부터 연평균 20.5%씩 성장해 2020년 2조 9,200억, 2021년 3조 4,400억 원 수준이라는 점을 감안하면 SK가 3년간 클라우드로 전환하기 위해 투자하는 3조 원은 엄청난 규모다.[41]

SK그룹은 자회사를 포함해 계열사만 100개가 넘고, 그중 주요 산업을 선점하는 기업들이 많아 그 파급력은 상당할 수밖에 없다. 아울러, 기존에 자회사 별로 서버에 잠자고 있던 데이터들이 하나의 클라우드로 공유되면서 다양한 디지털 신사업과 혁신 모델도 생겨날 수 있다.

삼성전자는 13년 만에 약 7,000억 원을 투입해 ERP를 클라우드 기반으로 전환했다. 삼성그룹의 IT 서비스 계열사인 삼성 SDS는 2019년 말까지 계열사 IT시스템의 90% 가량을 클라우드로 전환했다. 삼성전자 무선사업부는 기계학습, 빅데이터 등을 활용해 시스템 개발과 운영을 병행·협업하는 방식인 **데브옵스** 프로젝트에 클라우드를 도입하기도 했다.

대한항공은 직접 운영하던 서울 강서구 방화동의 데이터센터를 없애고 2021년 홈페이지, 화물,

데브옵스DevOps 일반적으로 소프트웨어를 만들 때, 소프트웨어를 개발하는 팀과 서버 등과 같은 IT 하드웨어를 운영하는 팀으로 나눈다. 최근에는 운영의 효율성을 위해 이 두 영역이 통합되는 개발환경으로 바뀌고 있다. 이를 데브옵스라고 한다.

운항, ERP 등 모든 어플리케이션과 데이터를 AWS로 이전을 마무리했다.[42] 10년간 운영비용을 포함해 약 2,000억 원 규모의 대규모 프로젝트다. 기존 560여 개 규모의 데이터센터 환경을 클라우드로 전환하는 것이 노후화된 데이터센터를 보수하는 것보다 비용대비 효과가 낮기 때문이다. 이를 통해 AI, 기계학습, 빅데이터 분석, IoT, 데이터베이스 등의 기술을 항공 산업에 접목해 고객에게 맞춤화된 서비스를 구축하려는 것이다. 승객의 여행 정보를 분석해 최적화된 항공 상품을 기획하거나, 항공 업무에서도 비행기의 주요 장비에 센서를 설치해 실시간으로 장비나 설비의 위험 요소를 사전에 파악하고 대응하게 되면, 2,000억 원에 달하는 비행기 엔진의 수명도 안정적으로 늘릴 수 있다.[43]

이처럼 국내외 기업들은 역시 흩어져 있는 데이터를 수집하고 분석하여 기업에 어떤 가치를 창출할 수 있는가를 고민하고 있다. 아마존이 월마트를 넘어서고, IT 기업이 은행의 자리를 위협할 수 있게 된 이유는 클라우드를 기반으로 한 디지털 트랜스포메이션을 단행했기 때문이다.

없는 것을 있게 만드는 기술

—

많은 기업들이 클라우드로 이전하는 데는 클라우드 컴퓨팅의 핵심인 가상화 기술이 큰 역할을 하고 있다. 기존에 온-프레미스 환경 즉, 기업이 직접 운영하던 데이터센터나 전산실에서 사용하던 서버, 스토리지, 네트워크 장비들이 클라우드 컴퓨팅 기술로 모두 가상화되기 때문이다.

일반인이 가장 많이 알고 있고 사용하는 가상화 기술은 애플 맥북의 페러럴즈Parallels라는 프로그램이다. 애플의 맥북에서는 MS의 운영체제Operating System, OS 윈도우Windows가 아닌 애플이 개발한 운영체제 맥OSMacOS를 사용한다. 일반적인 인터넷 검색이나 문서 작성에는 불편함이 없지만, 공공기관이나 정부 민원 사이트를 이용하거나 인터넷뱅킹을 이용하기 위해서는 윈도우에서만 구동되는 액티브X Active X를 설치해야 한다. 물론 요즘 대부분 금융권에서는 액티브X 없이 인터넷뱅킹이 되도록 지원하고 있지만, 여전히 액티브X가 없다면 이용이 제한되는 사이트들이 있다. 맥북 사용자들은 맥OS와 함께 윈도우를 사용하기 위해 페러럴즈를 통해 윈도우를 설치해서 업무를 처리한다. 즉 한 대의 컴퓨터에서 두 개의 운영체제를 동시에 사용하는 것이다.

하나의 컴퓨터에서 두 개의 운영체제를 쓰는 것처럼, 클라우드 환경에서는 하나의 서버 안에서 여러 대의 서버를 동시에 구축할 수 있다. 100명의 클라이언트가 각각 10GB의 클라우드를 사용한다고 했을 때, 클라우드업체는 10GB의 서버 100개를 준비

하나의 서버에서 여러 컴퓨터를 만들어내는 가상화 기술

하는 것이 아니다. 하나의 서버에서 필요한 스토리지 공간을 각 클라이언트에게 나눠주는 식이다. 이것이 가능하려면, 하나의 서버를 가상으로 나누어 여러 대의 PC처럼 사용할 수 있어야 한다.

이처럼 서버를 가상화할 수 있게 하는 기술을 하이퍼바이저Hypervisor라고 한다. 서버에 하이퍼바이저를 설치하면, CPU와 메모리를 가진 가상의 컴퓨터 즉, **가상머신**을 만들 수 있다. 이렇게 되면 하나의 컴퓨터 안에 독립된 또 다른 컴퓨터가 생기는 셈이다. 이처럼 클라우드는 완벽하게 분리된 서버와 네트워크, 스토리지를 갖춘 가상머신을 만들어 서비스하는 기술이 바탕이 된다.

> 가상머신 Virtual Machine, VM 물리적으로는 존재하지 않지만 실제 작동하는 기술을 말한다.

서버가 자동으로 늘고 주는 마술

—

넷플릭스 서비스 초기에 발생한 데이터센터의 장애는 데이터의 양, 즉 트래픽traffic과 무관하지 않았다. 사실 트래픽을 사전에 정확하게 예측하기란 불가능하다. 그래서 기존 데이터센터 환경에서는 불필요한 용량을 쓰지 않고 비워두거나, 반대로 용량을 초과하여 트래픽 장애가 발생하기도 한다. 많은 기업들이 클라우드 기반으로 '데이터 이사'를 하는 이유 중 하나가 바로 예상치 못하게 트래픽이 초과해도 자동으로 서버를 늘려 트래픽을 막을 수 있는 클라우드의 '능력' 때문이다.

　넷플릭스로 예를 들어보자. 2020년 1분기 시작된 코로나19로 많은 사람들이 집에서 '넷플릭스'라는 가상의 영화관에서 영화를 보기 위해 갑자기 몰려들기 시작했다. 평소 100명이 충분히 들어올 수 있는 통로에 갑자기 150명 이상이 몰리니 길이 막힐 수밖에 없다. 클라우드로 이사한 넷플릭스는 이러한 트래픽 과부하를 실시간으로 파악하고 평소보다 150% 이상의 접속자가 갑

서버용량이
자동으로 늘고
줄어드는
스케일 아웃/인

서버 사양이
자동으로 오르고
내려가는
스케일 업/다운

서버를 자동으로 늘리고 줄이는 클라우드 기술

자기 더 들어와도 정체가 생기지 않게 자동으로 여러 개의 길을 만들어놓는다. 사람들이 줄어들면 길을 자동으로 줄여놓는다. 이것을 클라우드 컴퓨팅의 오토스케일링auto scaling, 자동할당 기술이라고 한다. 트래픽이 폭증하면 서버의 용량을 실시간으로 늘려 최적의 인프라를 제공하는 기술이다. 트래픽이 늘면 자동으로 서버 용량이 늘어나는 스케일 아웃scale out 기능과, 트래픽이 줄면 자동으로 서버 용량이 줄어드는 스케일 인scale in 기능이 작동한다.

　이번에는 접속자들이 자동으로 늘어난 여러 길을 통해 어렵지 않게 '넷플릭스' 영화관을 입장했다. 그런데 접속자 대부분이 전 세계를 휩쓴 한국의 좀비영화 〈킹덤〉을 보고 싶어한다. 넷플릭스는 이 수요에도 미리 대비하여 입장한 모든 사람들이 영화 〈킹덤〉을 볼 수 있도록 했다. 100석 규모의 상영관을 순식간에 200석 규모로 늘려놓는다. 이처럼 접속자들이 같은 영화를 동시간대 한꺼번에 보게 돼도, 처리능력이 떨어져 트래픽이 일어난다. 이런 경우에도 클라우드 환경에서는 많은 사람들이 영화를 무리 없이 볼 수 있도록 CPU나 메모리와 같은 서버의 사양을 올린다. 이것을 클라우드의 스케일업scale up 기능이라고 한다. 반대로 서버의 사양을 내리는 것은 스케일 다운scale down 기능이다.

킹덤Kingdom　조선시대를 배경으로 한 6부작 좀비 액션 블록버스터 영화로 넷플릭스에서만 방영하는 '넷플릭스 오리지널 시리즈'다. 시즌1, 2 모두 작품성을 인정받으며 전 세계적으로 흥행했다. 시리즈 회당 제작비 약 20억 원의 대작이다.

클라우드 컴퓨팅은 이처럼 변화에 빠르게 대응하면서 기업이 더 많은 비즈니스 혁신을 할 수 있게 되었다. 기존에는 IT 인프라를 구성하는 데만 몇 달이 걸렸다. 그러나 클라우드 환경에서는 수십에서 수천 대에 이르는 서버를 단 몇 분이면 설치할 수 있다. 이런 기동력은 기업이 클라우드를 활용하여 비즈니스 시범 운영을 쉽게 할 수 있게 해준다. 인적 자원을 아끼는 것만큼 큰 경쟁력이 또 있을까. 의료분석회사 3M 헬스인포메이션시스템즈Health Information Systems의 최고기술책임자CTO 데이비드 프라지David Frazee는 "클라우드를 활용하면서 이제는 IT 운영에서 벗어나게 되어, R&D팀은 의료과학에 집중할 수 있게 되었다"고 말했다.

전 세계로 통하다

—

2020년 5월, MS 애저는 부산에 자체 클라우드 기반의 데이터센터를 세웠다. 국내를 포함한 아시아 태평양 클라우드 시장을 선점하기 위한 전략이다.** AWS나 MS 애저와 같은 대형 클라우드 서비스업체가 넷플릭스나 삼성전자와 같은 기업을 비롯해 전 세계 수천의 클라이언트 기업에게 클라우드를 제공하려면 하나의

리전 region 클라우드 서비스업체는 대륙별로 데이터센터를 설립한다. 이 단위를 '리전'이라고 한다. 리전은 한 나라가 될 수도 있고, 미국처럼 큰 나라는 동부, 서부로 나뉘기도 한다.

데이터센터로 서비스를 제공한다는 것은 사실상 불가능하다. 그렇기 때문에 클라우드 서비스업체들은 전 세계 주요 IT 산업 요충지마다 **리전**이라는 묶음으로 데이터센터를 구축해두었다. 하나의 주요 지역에는 가용성을 높이기 위해 여러 개의 데이터센터를 두고 있다. 그 데이터센터에는 수만 대의 물리 서버들이 설치되어 있다. 2021년 11월 기준으로 MS 애저는 전 세계 60개 이상의 지역에 리전을 보유하고 있고, AWS는 25곳, 구글은 28개의 리전을 보유하고 있다.

특히 최근 몇 년 사이 클라우드 서비스업체들은 중동 국가를 포함하여 아프리카, 인도 등지에서 앞다투어 데이터센터를 건설하고 있다. 중동의 여러 부국들도 석유 고갈 이후의 시대를 대비하고 있어 디지털 트랜스포메이션을 국가 발전 전략으로 세우고 있는 것이다.[45] 중동과 아프리카까지 클라우드 서비스업체의 데이터센터가 건립되고 있는 상황이니, 기업은 클라우드 컴퓨팅 환경에서 더 쉽게 전 세계로 서비스를 확장할 수 있다. 서바이벌 슈팅 게임 배틀그라운드 Battle Ground와 같은 글로벌 게임회사가 전 세계 사용자들에게 동시다발적으로 게임을 제공할 수 있는 것도 전세계 대륙별로 클라우드 데이터센터가 들어서 있기 때문이다.[46]

글로벌 게임의 경우, 제일 크게 부딪치는 이슈 중 하나가 네트워크 처리 속도 지연이다. 예를 들어, 배틀그라운드의 게임사 펍지Pubg는 한국에 본사가 있다. 만약 서버 역시 한국에만 있다면, 배틀그라운드를 즐기는 해외 사용자들은 한국의 서버에 접속해야 하므로 느린 속도로 게임을 할 수밖에 없다. 그렇다고 속도를 위해

네트워크 처리속도 지연 해외의 사이트에 접속할 때 처리 속도가 지연되는 이유는 대륙과 대륙 사이의 인터넷은 모두 해저 케이블, 즉 유선으로 연결되어 있기 때문이다.

대륙별로 데이터센터를 직접 구축한다는 것은 너무 많은 비용이 든다. 이런 경우 클라우드 서비스업체가 대륙별로 구축한 클라우드 기반의 데이터센터를 통해 서버를 확장한다면 경쟁력을 확보하기에 수월해진다.

배틀그라운드의 필생 전략

—

배틀그라운드는 게임 출시 이후 "가장 빠르게 1억 달러 수익을 올린 스팀 얼리 액세스 게임"이라는 타이틀을 비롯하여 기네스북 7개 세계 기록에 등재될 정도로 돌풍을 일으키며 전 세계 사용자들 사이에서 '갓겜'으로 불리는 게임이다. 2017년

배틀그라운드의 7개 세계 기네스북 기록 1. 가장 빠르게 100만 장이 팔린 스팀 얼리 액세스 게임 2. 가장 빠르게 1억 달러 수익을 올린 스팀 얼리 액세스 게임 3. 스팀에서 최초로 200만 동시접속자를 기록한 게임 4. 스팀에서 가장 많은 동시접속자를 기록한 게임 5. 가장 많은 동시접속자를 기록한 스팀 얼리 액세스 게임 6. 스팀에서 가장 많은 동시접속자를 기록한 비 밸브 게임 7. 스팀에서 가장 많이 플레이한 최초의 비 밸브 게임

한 달 신규 사용자 수가 15만 명에 달했고, 동시접속자 300만 명에 이르며 폭발적으로 성장했다. 배틀그라운드는 AWS를 통해 접속자를 감당하고 있었지만, 늘어나는 서버의 수를 감당하기 위해 2개 이상의 클라우드 서비스업체를 이용한다. 이것을 멀티 클라우드Multi Cloud 전략이라고 한다. 게임이 흥행에 성공하면서 클라우드 서비스의 안정성이 더욱 중요해진 배틀그라운드는 급속히 늘어나는 이용자에 대비하기 위해 AWS와 함께 MS 애저를 추가 사업자로 택하게 된다.[47]

동시접속자가 200만 명이나 되는 이 게임을 안정적으로 사용자들에게 서비스하기 위해서는 IT 지원이 가장 중요하다. 이

동시접속자 수를 감당하기 위해 멀티 클라우드 전략 쓴 배틀그라운드

용자 수와 관계없이 서비스를 안정적으로 제공하는 것이 클라우드 서비스의 가장 큰 장점이다.

멀티 클라우드는 배틀그라운드뿐 아니라, 앞서 소개한 SK그룹의 경우처럼 계열사의 주요 시스템을 AWS와 MS 애저의 클라우드 기반 데이터센터로 옮기는 멀티 클라우드 전략을 선택했다.

이처럼 국내에서도 기업들이 멀티 클라우드를 구축할 수 있는 이유는 AWS, MS 애저를 비롯하여 구글 클라우드, 알리바바 클라우드 등 글로벌 클라우드 서비스업체들이 앞다투어 국내에 리전을 가동하고 있기 때문이다. 여기에 KT, 네이버비즈니스플랫폼NBP 등 국내 클라우드 서비스업체까지 가세하면서 업체간 경쟁이 치열해지고 있다. 클라우드를 이용하는 기업 입장에서는 멀티 클라우드를 구축하는 데 있어 선택의 폭이 넓어지는 셈이다.

CLO

클라우드로 들여다보는

비대면 비즈니스

최신 IT기술

코로나19 이후 기업들은 비대면 비즈니스에 모든 힘을 쏟고 있다. 클라우드는 가상화와 같은 융통성 있는 기술을 바탕으로, 플랫폼 안에서 수많은 IT 기술들이 서로 융합하면서 또 다른 기술과 서비스를 만들어내고 있다. 그렇다면 클라우드 안에 들어와 있는 IT 기술들은 어떤 것이 있고 어떻게 비즈니스로 활용되고 있을까? 그리고 '포스트 코로나'를 맞아 어떤 기술들이 비대면 비즈니스의 중심에 설까?

이 장에서 소개된 기술들은 클라우드 IT 핵심기술의 각축장을 방불케 한
다. 이미 생활 깊숙이 들어와 우리가 일상적으로 이용하는 기술들도 있을
것이고, 전혀 생각지 못한 기술들도 있을 것이다. 그러나 단순히 어떤 기
술이 있는지 소개하는 것에서 더 나아가, 이 기술들이 어떤 원리로 우리
삶과 사회에 쓰이는지 알기 쉽게 설명하려고 한다. 이러한 기술들의 원리
를 알면 막연하고 불안하게만 느껴지던 미래를 더 명확하게 준비하는 계
기가 될 수 있을 것이기 때문이다. 그리고 현재 우리가 생활에 들어와 있
는 IT 기술의 실체를 구체적으로 알 수 있을 것이다. 이미 우리는 우리가
모르는 사이 비대면 비즈니스의 수혜자가 되었기 때문이다.

01

신뢰의 기술,
블록체인

이보다 더 투명할 수 없다

—

2019년 3월 스타벅스Starbucks 미국 본사는 연례 주주총회에서 '디지털로 추적할 수 있는 커피digitally traceable coffee' 서비스를 발표했다. 이 서비스는 블록체인 기술을 활용해 커피 콩의 유통 과정을 모니터링하는 '빈 투 컵bean to cup'이라는 프로그램으로, 고객이 모바일 어플을 통해 매장에서 판매하는 커피 원두의 생산지와 운송 이력을 볼 수 있는 서비스다.[48] 스마트폰 카메라로 원두 포장재에 인쇄된 QR코드를 찍으면, 이 커피 원두가 "80%는 콜럼비아, 20%는 브라질 농장에서 생산되었다"는 식의 정보를 알려준다.

스타벅스 원산지 증명 서비스 시연 장면

스타벅스의 CEO 케빈 존슨 Kevin Johnson은 "블록체인 기술로 커피를 마시는 사람들과 커피 농장이 연결된다면 원산지에 대한 투명성이 보장된다"고 말했다.

원산지를 증명하는 데 블록체인 기술이 왜 필요할까? 블록체인이란 데이터를 분산하여 처리하는 기술을 말한다. 데이터를 한 군데의 서버에 저장하지 않고, 네트워크에 참여하는 모든 사람들의 컴퓨터에 저장하는 '탈중앙화'된 서비스다. 이러한 특징 때문에 블록체인은 금융 서비스에 먼저 도입됐다. 우리가 은행에서 금융 거래를 하면 나의 금융 데이터는 해당 은행 서버에 저장된다. 따라서 우리는 인터넷뱅킹이나 모바일뱅킹으로 해당 은행 서버를 통해서만 내 계좌의 잔액을 확인할 수 있다. 그런데 만약 은행 서버에 장애가 발생했거나 해킹을 당하게 되면, 우리는 금융 서비스 자체를 이용할 수 없게 된다. 실제로 이런 사례는 심심치 않게 있어왔다. 2018년 우리은행은 새 전산 시스템을 가동하면서 전산장애를 일으켜 금융위원회의 중징계를 받은 사례도 있다.[49]

블록체인 기술을 활용하면 이런 문제를 해결할 수 있다. 고객 A가 고객 B에게 송금할 때, 기존 금융시스템에서는 송금 내역이 거래 은행 서버에만 저장되지만, 블록체인에서는 거래내역이 모든 네트워크 참여자의 컴퓨터에 저장되기 때문이다.

개인과 개인의 거래 내용은 '블록block'에 저장되고, 이러한 블록들은 시간이 지나면 사슬처럼 서로 연결되기 때문에 '블록체인'이라고 부른다. 또한 네트워크에 참여한 모든 사용자가 거래 내용을 저장하고 있기 때문에 블록체인에 저장된 데이터를 위변조하려 해도, 모든 참여자의 컴퓨터에 저장된 거래 정보를 해킹하지 않는 이상 변경은 사실상 불가능하다. 즉, 중앙 서버 관리자가 없기 때문에 참여자 누구나 투명하게 정보를 열람할 수 있다. 이러한 특징 때문에 금융 분야는 물론, 유통이나 물류관리와 같이 투명한 정보 공개가 필요한 분야, 또는 각종 증명서를 발급하는 서비스의 경우 블록체인 기술이 유용하게 적용될 수 있다.

기존 거래 방식

은행이 모든 장부를 관리하는
중앙집중화된 거래 내역

블록 체인 방식

분산화된 장부를 통해
투명한 거래 내역 유지

데이터를 분산 저장하는 블록체인 기술

스타벅스가 블록체인 기술을 원산지 증명 서비스에 사용한 이유도 바로 블록체인 기술이 정보의 투명성을 보장해주기 때문이다. 블록체인을 통해 원산지 정보를 소비자에게 제공함으로써 투명한 공급체계를 증명할 수 있고, 원두에 대한 신뢰성을 얻을 수 있게 된다. 커피농가에게도 책임감 있는 생산을 통해 생산성 향상이라는 잠재적 이익이 될 수 있다.

이와 같은 투명성 때문에 한국 정부도 블록체인을 활용하여 연간 80조 원 규모의 국고보조금을 관리하는 방안을 검토하고 있다. 블록체인은 각종 데이터가 투명하게 공개되고 위변조가 원천적으로 불가능하기 때문에 고질적인 문제로 지적돼왔던 부정하게 보조금을 수급하는 관행도 원천적으로 막을 수 있다.[50]

금융업의 최강자는 IT 기업?

—

빌 게이츠Bill Gates는 1994년에 "금융 서비스는 필요하지만 은행은 필요 없다"고 말한 바 있다.[51] 20년도 더 지난 그의 예견대로, 구글, 애플, 네이버와 같은 거대 IT 기업들이 AI, 빅데이터 등을 활용해 새로운 금융 서비스를 제공하기 시작하면서 이른바, '테크핀Technology Finance' 시대가 도래하고 있다. 테크핀 이전은 핀테크의 시대였다.

핀테크FinTech는 금융Finance과 IT 기술Technology의 합성어로, 금융 분야에 IT 기술을 접목하여 복잡하고 어려운 금융을 효율적이고 편리하게 해주는 서비스다. 인터넷뱅킹이나 모바일뱅킹이 대표적인 핀테크라고 할 수 있다. 핀테크는 주로 은행과 같은 금융사가 주축이 되어 기술을 도입해서 인터넷뱅킹 등 전통적인 금융업무를 효율적으로 하는 것에 목적을 두었다. 그러나 이제는 기존 금융상품을 좀더 쉽고 편리하게 사용하는 것에서 더 나아가 금융 산업 전반을 혁신하고 있다. 이것이 IT 기업이 주도하는 테크핀이다.

'테크핀'이라는 용어는 2016년 12월 알리바바 회장 마윈이 가장 먼저 사용했다. 그는 "중국은 5년 안에 '현금이 필요 없는 사회'로 진입할 것"이라고 예측하면서 "기술로 기존 금융 시스템을 재건한다"며 테크핀의 개념을 언급했다.[52] 실제로 현재 중국은 현금 결제 시장에서 신용카드를 건너뛰고 바로 모바일 결제 시장으로 넘어왔다. 모바일 결제는 스마트폰 어플을 이용하여 QR코드를 인식해 바로 결제하는 서비스다. 최근에는 QR코드 대신 카메라로 얼굴을 찍어 결제를 하는 안면인식 결제가 확대되고 있다. 독일 시장 조사기관 스태티스타가 발간한 〈디지털 시장 전망 2020〉 보고서에 따르면 중국은 2024년 현금 비중이 1.5%에 그칠 것으로 전망된다. 반면 스마트폰을 이용한 모바일 결제는 2019년 65.4%에서 2024년 82.8%로 20% 가까이 늘어날 것으로 추정된다.[53]

중국 모바일 결제 시장 거래액은 2014년 6조 위안(약 1,000조)에서 2020년 약 249조 위안(약 4경 2,000조 원)으로 약 40배 급성장했다.[54]

여기서 주목해야 할 점은 중국 모바일 결제 시장을 이끄는 기업이 은행이 아니라 IT 기업인 알리바바와 텐센트라는 사실이다. 알리페이는 중국에서는 이미 일상화된 결제 방식으로 이제는 중국뿐 아니라 전 세계에도 영향력을 행사하고 있다.

2018년 미국에서 열린 국제세미나 〈머니2002 Money2002〉에서 베스트셀러 《디지털뱅크 Digital Bank》의 저자이자 유럽 네트워크 포럼인 FSC Financial Services Club 의장 크리스 스키너 Chris Skinner 는 "핀테크 기업들이 기존의 거래구조를 기반으로 어떻게 하면 더 저렴하고 빠른 서비스를 만들 수 있는지 고민하는 것에 반해, 테크핀 기업들은 기술력을 기반으로 이것이 어떻게 상업과 거래에서 사용될 수 있는지 고민한다"며 테크핀 업계의 저력을 예고했다. 이제 금융회사가 아닌 IT 기업이 금융시장의 비전을 제시하고 있다.

국내의 네이버, 카카오 Kakao, SK텔레콤 등은 물론이고, 구글, 애플, 아마존, 페이스북 같은 주요 IT 기업들 역시 금융업 진출을 가속화하고 있다. IT 기업이 금융업에 뛰어드는 이유는 클라우드를 기반으로 이루어지는 AI와 빅데이터 분석에 강점을 가지고 있기 때문이다. 네이버의 경우, 4,100만 명에 달하는 사용자의 검색과 구매 데이터, 약 42만 개의 스마트스토어 업체의 빅데이터를 활용할 수 있다는 것이 가장 큰 무기다.[55,56] 사실상 전 국민이 잠재적 고객이다.

카카오 역시 2017년 카카오뱅크 Kakao bank 를 출범하면서 금융업에 진출했다. 일반적인 은행이 지점에서 면대면으로 고객에게 계좌를 개설하거나 송금, 대출을 해주는 반면 카카오뱅크는 모든 금융업무를 모바일 어플을 통해 비대면으로 제공한다. 고객 상담조차 AI 챗봇으로 한다. 2021년 9월 말 기준 카카오뱅크 가입자 수는 약 1,700만 명이다.[57] 카카오는 기세를 몰아 카카오뱅크 주식계좌 서비스도 개설하여 본격적인 증권업 진출을 선언했다. 카카오뱅크는 증권업 진출 148일만에 100만 계좌를 달성하는 기염을 토했다.

　결국 카카오는 국내 누적 가입자 수 1억 명의 카카오톡이라는 플랫폼이, 네이버는 국내 최대 포털이라는 플랫폼의 힘을 등

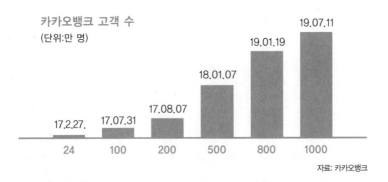

카카오뱅크 고객 수
(단위:만 명)

자료: 카카오뱅크

2년 사이에 1천만 명의 가입자 수를 확보한 카카오뱅크

에 업고 전통의 금융 회사들을 위협하고 있다. 특히 네이버는 공인인증서 폐지가 법제화되면서, 별도의 프로그램 설치 없이 자체 개발한 웹브라우저 웨일Whale에 인증방식을 저장해 각종 금융서비스를 활용하거나 공공민원 서비스를 이용할 수 있도록 하면서 금융업 진출에 속도를 내고 있다.

국내 모바일 결제 시장도 카카오페이와 네이버페이가 양분하고 있는데, 카카오페이는 간편결제·송금 등에서 2021년 3분기 누적 거래액 72.5조 원을 달성했고, 네이버페이는 1~2분기 12.8조 원으로 카카오페이를 바짝 뒤쫓고 있다. [58,59]

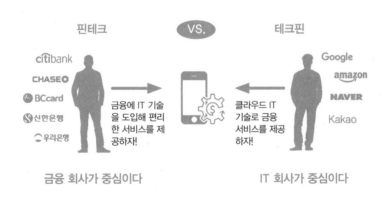

핀테크   VS.   테크핀

citibank
CHASE○
○ BCcard
◎신한은행
△우리은행

금융에 IT 기술을 도입해 편리한 서비스를 제공하자!

클라우드 IT 기술로 금융 서비스를 제공하자!

Google
amazon
NAVER
Kakao

금융 회사가 중심이다   IT 회사가 중심이다

핀테크와 테크핀의 차이

애플이 출시한 신용카드 '애플카드'

미국의 애플 역시 골드만삭스와 손잡고 신용카드인 애플
카드Apple card를 내놓는가 하면, 구글은 시티은행Citibank과 손잡고
계좌 개설 서비스를 시작했다. 아마존은 JP모건체이스J.P. Morgan
Chase&Co.와 함께 '아마존 통장'을 선보이며, '손바닥 결제'와 같은
차세대 결제 시스템도 개발 중이다.[60]

스타벅스는 이제 커피회사가 아니다?

—

이처럼 금융시장은 금융회사가 아닌 IT 기업이 주도하는 테크핀 시장으로 빠르게 편재되고 있다. 그런데 이제 IT 기업도 아니고 금융사도 아닌 기업이 테크핀 시장을 주도하려 하고 있다. 바로 글로벌 커피 기업 스타벅스다. 2017년 스타벅스는 미국 뉴욕증권거래소NYSE를 비롯해 23개의 글로벌 거래소를 소유한 인터컨티넨탈 익스체인지ICE, Intercontinental Exchange와 MS, 보스톤컨설팅그룹Boston Consulting Group과 손잡고 암호화폐거래소인 벡크Bakkt를 설립하면서, 블록체인 기반의 암호화폐 결제 시장에 뛰어들었다.[61] 스타벅스는 왜 금융업에 뛰어들었을까? 알고보면 스타벅스는 이미 테크핀 시장을 위해 준비된 기업이다. 미국에서 스타벅스 어플의 사용자는 2021년 3월 기준 3,120만 명으로, 4,390만 명의 애플페이에 이어 2위로, 2,500만 명의 구글페이를 넘어 2위를 달리고 있다.[62] 스타벅스는 어플에 선불 충전식 카드를 도입하면서 2018년 기준 전 세계적으로 20억 달러(약 2조 4,000억 원)가 넘는 현금을 보유하고 있는 것으로 나타났다.[63] 한국 스타벅스 역시 2021년 기준 스타벅스 어플에 예치된 현금이 1,800억 원에 달한다.[64] 또한, 스타벅스 이용 고객 중 약 40%는 점원과 대면하지 않고 스타벅스 어플을 통해 주문하는 방식인 '사이렌 오더'를 통해 결제하고 있다.

전 세계 25억 명의 사람들은 은행에 방문하지 못하고, 그중 17억 명은 은행계좌가 없다. 그런데 은행 계좌가 없는 17억 명 중 무려 70% 정도가 스마트폰을 보유하고 있다. 스마트폰을 통한 금융서비스가 제공된다면 약 12억 명이 금융서비스의 잠재적 고객이 될 수 있다는 이야기다. 테크핀 시장이 어떻게 전개될지 예상되는 부분이다.[65] 실제로 스타벅스는 2018년 아르헨티나 은행인 방코 갈리시아Banco Galicia와 손잡고 오프라인 '스타벅스 은행'을 오픈했다. 아르헨티나는 2000년대 초 외채 문제로 심각한 경제위기가 찾아와 2018년 IMF로부터 500억 달러의 구제금융을 받은 나라다. 그러나 아르헨티나의 경기침체의 규모는 코로나19 이후 점점 커지고 있다. 아르헨티나 국민들은 코로나19 이전부터 53.8%라는 살인적인 물가 상승률과 두자릿수로 치솟은 빈곤율 · 실업률에 신음하고 있다.[66] 이처럼 스타벅스는 금융이 불안정한 나라에서 은행업을 시작함으로써, 잠재적 시장을 확보하고 있다.

스타벅스와 오프라인 은행의 결합은 엄청난 시너지를 가져올 것이다. 예치금이 블록체인 기반의 암호화폐로 전환되면 단순한 결제 외에도 투자, 예금, 이체, 환전 등의 금융 거래가 아주

쉽게 가능해지기 때문이다. 즉, 미국의 스타벅스 매장에서는 한국 매장에서 충전한 선불카드가 환전이나 나라 간의 금융규제로 무용지물이 될 수 있지만, 블록체인을 통한 암호화폐로 예치금을 관리하게 된다면 전 세계 스타벅스 매장에서 다양한 화폐로 선불금을 충전할 수 있고, 결제도 수월해진다. 또한, 예치금으로 자산운용업에 진출한다면 스타벅스 매장에서 고객이 주식거래 서비스도 받을 수 있을 것이다.[67]

ICT의 발달로 산업간의 경계가 흐릿해지는 빅블러Big Blur 현상이 가속화되고 있다. 스타벅스는 이미 그 경계를 가장 자유롭

스타벅스는 방코 갈리시아와 손잡고 '스타벅스 은행'을 오픈했다

게 넘나드는 혁신적인 기업이 되었다. 그동안 전 세계적으로 구축해온 인프라와 높은 고객 충성도를 바탕으로 커피를 파는 회사를 넘어 테크핀 기업으로 거듭나고 있다.

02

무한한 상상력
현실로 만들어주는
인공지능

클라우드 존재의 이유, AI

—

인공지능^{AI, Artificial Intelligence}이란 인간의 학습능력과 추론능력, 지각능력 등을 컴퓨터 프로그램으로 실현한 기술이다. 즉, 사람의 지능을 가진 '생각하는 기계'를 연구하는 분야다. SF영화에서 가장 흔하게 등장하는 소재이기에 으레 미래의 먼 이야기로만 생각하던 기술이기도 했다. 그러나 AI는 이제 더 이상 미래의 기술이 아니다. 우리의 일상에서 느끼지 못할 만큼 많은 분야에서 그 존재감을 드러내고 있기 때문이다.

AI 분야는 기계학습58쪽 참고, **인공신경망**, **딥러닝** 등 다양한 기

술들로 이루어진 첨단의 분야다. 이제 AI는 다양
한 클라우드 기술과 융합되어 더 강력한 서비스를
만들어내고 있다. 특히, AI는 데이터의 형태를 자
유자재로 바꿀 수 있는 능력을 갖추며 진화를 거듭
하고 있다. AI는 이미지를 텍스트로 바꾸고, 텍스
트는 음성으로 바꾼다. 음성을 다시 텍스트로 바꾸
고, 2차원의 텍스트를 3차원의 3D 형태로 만들어
낸다. 이 기술이 가능한 이유는 AI가 사람의 말을
알아듣고, 대화하고, 행동하는 것이 가능하기 때

인공신경망 Artificial Neural
Network 인간의 신경을 흉내
낸 기계학습의 한 기법.

딥러닝Deep Learning AI의 한
분야로 심층학습이라고도
한다. 딥러닝은 스스로 데이
터를 분석하고 그 안의 규
칙이나 패턴도 스스로 찾아
낸다. 지금까지의 기계학습
은 데이터의 규칙을 찾아내
기 위해 사람이 기준을 정해
줘야 했지만, 딥러닝 기술은
데이터를 분석하면서 그 기
준을 스스로 찾아낸다.

문이다. 아직 완성도 면에서는 갈 길이 멀어 보이지만 AI는 이미
영화 시나리오를 만들어 자동으로 애니메이션 제작까지 할 수 있
는 단계에 와 있다.

심지어 2016년 일본에서는 AI가 쓴 단편소설이 《니혼게이
자이신문》 공모전 1차 예심에 통과하면서 이변을 연출하기도 했
다. 심사위원들조차 공모작 가운데 AI가 쓴 소설이 있다는 사실
을 몰랐다. 소설의 제목과, 스토리, 문체는 사전에 개발자들이
만들어준 것으로 딥러닝 기술이 어디까지 와 있는지 알 수 있는
사례다.[68]

데이터의 형태는 언제든 원하는 형태로 변경이 가능하다.
이제는 기술의 구현보다 무한한 상상력을 동원해 AI를 비즈니스

에 어떻게 접목해야 할지 고민해야 하는 시대다.

　AI 서비스는 인간의 오감과 지성, 인지능력을 보완하는 형태로 발전하고 있다. AI는 수준 높은 기능을 제공하기 위해 막대한 양의 데이터와 전문인력에 대한 투자가 이루어지는 분야이기도 하다. 클라우드에서 제공되는 AI 기술의 현주소를 들여다보자.

외국어 손글씨를 한국어로 번역하다

—

SF소설 〈갈라파고스〉에서 2천 개의 언어를 통역해주는 '만다락스' 통역기라든지, 소설 〈은하수를 여행하는 히치하이커를 위한 안내서〉에서 어떤 외계어도 자동으로 번역해주는 물고기 '바벨 피쉬'가 활약하는 상상의 세계는 점점 더 현실에 가까워지고 있다. 과거 '오역투성이'라는 오명을 썼던 통·번역 서비스들이 이제는 AI와 결합된 인공신경망 기반으로 바뀌면서 문맥 파악하는 능력이 크게 향상되었기 때문이다. 네이버 AI번역 서비스 파파고의 경우, 월간 이용자 수가 2021년 11월 기준 1,300만 명을 넘어섰고, 최근에는 AI 서비스와의 결합을 통해 실시간 이미지 번역 서비스도 출시 예정이다.[69] 영어 표지판에 파파고의 카메라

를 대면 실시간으로 번역된 결과가 화면에 나오는 방식이다.[70]

이제는 동시통역 이어폰을 통해 다른 언어를 쓰는 두 사람이 실시간으로 대화하는 기술까지 개발되고 있으며,[71] 외국어로 쓴 손글씨를 스마트폰으로 찍으면 한국어로 번역해주는 서비스는 삼성이 독자개발한 AI 빅스비Bixby에서 이용 가능하다.[72]

시각장애인의 눈을 대신하는 스마트글래스

—

AI 기술 중 이미지인식Vision은 가장 빠르게 발전하고 있는 기술 중 하나다. 말 그대로, 인간의 눈으로 봤을 때 사물이 무엇인지 아는 것처럼 컴퓨터가 앞에 있는 이미지가 무엇인지 인식하는 분야다. 이미지를 검색하여 스크랩하고 공유하는 SNS 핀터레스트Pinterest는 이미지인식 기술을 가장 잘 활용한 서비스라고 할 수 있다. 한 이미지를 검색하면 이 이미지와 연관된 유사 이미지를 끊임없이 추출해준다. 디자인이나 인테리어 등의 영감을 얻기 위해 이미지를 검색하는 이들에게 유용한 검색 플랫폼이다. 핀터레스트는 AWS의 이미지인식 서비스인 아마존 레코그니션Amazon Rekognition[73]을 활용하고 있는데, 이러한 이미지인식 API는 수천 개

API Application Program Interface
특정 프로그램의 데이터에 다른 프로그램이 접근할 수 있도록 도와주는 인터페이스다. 예를 들어, 페이스북에서 사용자가 외국어 댓글을 번역하여 보고싶다면 번역 API를 다운로드받아 설치하면 된다. 페이스북 입장에서는 플랫폼을 오픈함으로써 외부 개발자나 업체들이 다양한 서비스를 제공하여 플랫폼을 키우는 효과를 가져오게 되고, 사용자 역시 필요한 기능을 선택하여 사용할 수 있게 된다.

태그 tag 어떤 정보를 검색할 때 사용하기 위해 부여하는 단어나 키워드. 인터넷 정보 중 사진이나 동영상 같은 멀티미디어 정보의 등장에 따라 태그의 필요성이 늘어나고 있다.

의 개체나 생물, 경치 등을 인식하여 문자화된 태그로 변환하는 것이 기본원리다. 만약 바닷가를 배경으로 인물을 검색했다면 이미지인식 API가 미리 학습된 데이터를 기반으로 "바다, 사람, 파도, 하늘"과 같은 태그를 기반으로 사람들이 인식할 수 있는 하나의 문장을 만들어낸다. 즉, "바닷가에 사람이 있다"로 설명해주는 것이다.

이미지인식 기술은 음성으로 길 안내를 해주는 스마트글래스가 나온 배경이 된다. 스마트글래스는 시각장애인에게 주변의 상황을 인식하여 음성으로 설명해주는 기기다. 전 세계에는 약 3,600만 명의 사람들이 전혀 앞을 보지 못하는 시각장애인이며, 2억 1,200만의 사람들이 약시 시각장애로 살고 있다. 시각장애인을 위한 영상통역 서비스를 전문으로 하는 스타트업 아이라 Aira는 시각장애인을 위한 호라이즌 스마트글래스 Horizon Smart Glasses를 개발했다. 시각장애인이 스마트글래스를 쓰고 길을 걸어가면 이미지인식 API로 이미지를 인식한 뒤 태그를 생성하고, 생성된 태그를 텍스트-음성변환 TTS, Text To Speech 기술을 통해 음성으로 읽어준다. 그러면 앞을 보지 못하더라도 눈앞의 상황에 대해서 인지할 수 있다.

시각장애인을 위한 스마트글래스는 이미지인식 기술을 활용한다

사진 한 장으로 사람의 감정을 읽는 AI

—

이미지인식 기술은 사람 얼굴을 감지해 나이와 성별, 그리고 그 사람의 감정까지 파악하기 시작했다. 이 사람이 기쁜지, 슬픈지, 무덤덤한지 등으로 분석하는 수준까지 발전했다. 이미지뿐 아니다. 동영상도 분석한다. 1시간짜리 영화에서 주연배우가 언제 우

울했는지, 언제 기쁜지를 각각의 분기점마다 감정을 분류해 통계를 낸다. 감정의 지속 시간도 데이터화할 수 있다. 감정에 따른 표정을 감별할 때 서로 다른 문화권이라도 빅데이터를 통해 보편적인 의미 해석과 전달이 가능하다. 우리는 AI의 분석을 통해 그 영화를 보지 않고도 영화가 우울한 영화인지 기쁜 영화인지 판단할 수 있게 됐다. MS 애저의 페이스Face API나 이모션Emotion API

AI는 사람의 나이와 성별은 물론 감정까지 분석한다

와 같은 기술들이 그것이다. 이미지인식 API가 CCTV와 결합하면 은행이나 보안시설에서 CCTV로 촬영한 범죄자의 얼굴을 식별해 범죄를 예방하는 기술로 탄생하게 된다. 또한 이미지인식 API는 바코드 인식을 통해 물류센터와 같이 물류를 종류별로 분류하고 운반하는 곳에서도 유용하게 활용될 수 있다.

무엇보다 이미지인식과 관련하여 가장 주목받고 있는 분야가 자율주행차다. 자율주행차는 앞에 나타나는 장애물들이 사물인지 사람인지 빠르게 분석하고 대응해야 한다. 이미지인식 API의 반응속도에 따라 사람의 생명을 좌우할 수 있기 때문에 꼭 필요한 기술이다. 눈이나 비가 오거나 안개 등으로 시야가 흐릴 때도 이미지인식 API는 정확하고 빠르게 반응해야 하기 때문에 정교하게 발전해나가고 있다.

운전기사의 신분을 안면인식 기술로 활용한 우버

—

우버는 스마트폰을 기반으로 한 미국의 승차 공유 서비스다. 스마트폰 어플을 통해 우버에 등록된 일반 차량의 운전기사와 승객을 간편하게 연결해주는 편리함으로 전 세계적인 인기를 얻고 있다. 지금까지 대부분의 기업들은 소비자의 나이와 성별, 지역 등의 데이터를 확보해 수요를 예측하며 경영해왔다.

그러나 우버는 소비자가 이 서비스를 왜 이용하는지, 앞으로도 계속 이용할 것인지 등 소비자에게 직접 심층적으로 질문해 데이터를 수집했다. 이렇게 소비자에게 직접 의견을 물어 수집하고 분석한 디지털 정보를 경험 데이터experience data라고 한다. 글로벌 기업 네 곳 중 한 곳은 많은 양의 데이터를 보유하고 있지만, 여전히 직감에 의존한 의사결정을 내린다는 설문조사도 있다. 이를 보완하기 위해 나온 방법이 바로 경험 데이터 분석이다.[74] 그러나 이러한 경험 데이터를 수집할 수는 있어도 분석하는 것은 역시 쉬운 일이 아니다.

퀄트릭스Qualtrics라는 솔루션 기업이 이 틈새시장을 파고들어 경험 데이터를 실시간으로 분석해 인사이트를 뽑아내는 클라우드 서비스를 개발했다. 퀄트릭스의 라이언 스미스Ryan Smith 대표는 "80%의 CEO는 자사의 제품과 서비스가 소비자에게 좋은 경험을 제공한다고 믿고 있지만, 소비자는 8%만 여기에 동의한다. 소비자에게 직접 의견을 묻는 '경험 데이터'가 없으면 이런 경험 격차가 발생하게 된다. 택시산업을 우버가 빠르게 대체한 것처럼 향후 모든 산업 영역에서 흥망성쇠는 경험 관리에 따라 결정될 것"이라고 말했다.[75]

우버는 이들의 솔루션을 도입해 경험 데이터를 발빠르게 분석하기 시작했다. 그 결과, 소비자들은 현금이 아닌 카드나 온라인 결제 방식을 선호하며, 택시 잡는 일이 어렵다는 등의 수요를 완벽하게 반영할 수 있었다. 기존 택시산업이 고객의 불만을 인지하고 개선하지 못한 점을 파고들어간 것이다. 실제로 우버는 이 경험 데이터를 바탕으로 5년 만에 미국 시장에서 71%를 점유하게 된다.

그러나 우버에게는 하나의 걸림돌이 있었다. 직접 자동차를 소유하지 않고, 파트너인 우버 드라이버를 통해 서비스를 제공하고 있기 때문에, 드라이버에 대한 신뢰성을 보장하는 것이 숙제였다. 우버는 이 문제를 해결하기 위해 AI 안면인식 기술을 활용했다. 승객이 드라이버를 호출하면 드라이버는 '셀카'를 찍어 본인을 인증하는 것이다. 고객에게는 신뢰성을 높여주고 드라이버에게도 책임감을 부여함으로써 상호 간에 믿음을 높여준다.[76]

이러한 안면인식 기술은 빠르게 고퀄리티의 성능을 가진 기술로 점점 더 진화하고 있다. 현재는 얼굴 전체와 얼굴의 특정 부분을 인식하는 정량생성방법Quantity Generation Method으로 과거에 인식이 어려웠던 상태의 얼굴도 더 정확히 인식할 수 있게 되었다. 조명이 어둡거나 선글라스나 마스크로 얼굴 일부가 가려진 상태에서도 인식이 가능하다.

우버는 안면인식 기술을 통해 운전자의 신원을 확인한다

코로나19 이후 전 세계적으로 마스크 착용이 일상화되면서 애플이 마스크를 써도 아이폰의 잠금기능을 좀더 쉽게 해제할 수 있도록 아이폰 운영체제 iOS 13.5 버전부터 안면인식 기능을 개선한 것도 이러한 기술이 적용된 것이다. 이 기술이 적용되기 전, 아이폰은 안면인식 잠금해제 기능인 페이스ID로 사용자 인 증을 했지만, 마스크 착용을 했을 때는 인증이 실패하여 암호 입력을 해야 하는 번거로움이 있었다.[77]

안면인식으로 현금 인출하는 ATM

—

아이폰의 페이스ID처럼 자신의 얼굴을 인증하여 은행에서 현금을 인출한다면 편하지 않을까? 호주 4대 은행인 내셔널호주은행NAB이 AI 안면인식 기술을 통해 현금을 인출하는 ATM 시스템을 개발했다. 이 은행은 MS 애저의 안면인식 서비스 코그니티브Cognitive를 사용하여 ATM에서 카드 없이 입출금 가능한 기술을 설계했다. 은행 고객은 안면인식으로 ATM에서 현금을 인출할 수 있다.[78] 그 외에도 안면인식으로 출퇴근 관리를 하는 기업은 늘어나고 있다. 출퇴근 관리를 안면인식으로 바꿀 경우 기존 방식의 문제점이 상당 부분 해소된다. 건설현장에서 안면인식 시스템을 사용할 경우, 우선 지문이 잘 인식되지 않은 문제를 해결할 수 있다. 무엇보다 모든 데이터가 자체 클라우드에서 실시간 관리되기 때문에 데이터를 따로 모아 파일을 작성할 필요없이 원하면 언제든 일별, 월별 출퇴근 내역 조회가 가능하다. 나이가 들어감에 따라 얼굴이 바뀌는 것을 감안하여 최근 얼굴까지 매일 업데이트해 인식하기 때문에 오류가 날 확률 역시 줄어든다.

중국 경찰은 이미 안면인식 선글라스로 범인을 잡는 데 활용하고 있다. 안면인식 선글라스를 끼고 사람들을 보면 사람들의 범죄 이력과 특이사항까지 모두 확인이 된다. 중국 16개 성의 24개 경찰서가 2018년부터 이 안면인식 기술을 사용하고 있다.[79]

의류 상품 1초만에 분류하는 AI

—

이미지인식은 사람의 얼굴뿐 아니라 옷의 카테고리를 분류하는 데도 활용된다. 옷은 사람의 얼굴만큼이나 다양한 모양과 색 등을 가지고 있다. 의류를 품목별로 분류하고 등록하려면 판매자나 MD가 수작업을 해야 하기 때문에 많은 시간이 소요된다. 스타트업 옴니어스Omnious는 이미지인식 AI를 통해 이런 분류작업을 좀더 수월하게 하는 기술을 개발했다.[80] 옴니어스의 이미지인식 AI 기술을 적용하면 패션 이미지 속의 상품을 정확하게 인식해 상품의 카테고리, 색상, 길이와 사이즈, 텍스타일, 스타일 등 10가지 종류의 속성을 분류하는 등 한 이미지에서만 900개 이상의 정보값을 분류한다. 옴니어스는 AWS의 AI 이미지 분석 가상 서버인 딥러닝AMIDeep Learning AMI를 활용해 200만 장 이상의 데이터에 포함된 1천 여 가지 의류의 속성을 학습했다. AI를 통해 자동으로 생성된 이 속성 정보는 상품 검색이나 맞춤형 쇼핑 추천,

트렌드 분석 등 다양한 분야에서 활용되고 있다.[81]

AI 영화 더빙 시대

—

사람의 음성을 분석하는 기술도 가장 빠르게 발전하고 있는 AI 분야 중 하나다. 소음이 있는 카페에서 말하는 사람의 목소리를 주파수에 따라 분리한다거나, 각자의 음성 샘플링을 통해서 여러 명이 대화하고 있을 때 몇 명이 이야기를 하고 있는지, 누가 어떤 이야기를 했는지까지 분석할 수 있다. 내가 말하는 것을 실시간으로 문자로 변환하고, 그 문자에 대한 감정을 분석해, 그 사람의 의도가 악의적인지 호의적인지도 파악할 수 있다. 이러한 음성 분석 기술은 AI 화자가 슬픔, 기쁨 등과 같은 감정뿐 아니라, '조금 슬프게' '많이 슬프게'와 같이 감정을 세분화하여 말할 수 있는 단계에까지 와 있다. 필기·영상·이미지인식 등을 연구하는 기업 셀바스AI SELVAS AI는 이 기술을 통해 영화, 드라마 더빙이나 뉴스 교육영상 등의 다양한 콘텐츠에 맞게 내레이션하고 감정 연기 할 수 있는 서비스를 선보이고 있다.[82]

AI 비서가 전화로 식당 예약을

—

세계 최대 개발자 행사인 〈구글 I/O 2018〉에서 구글의 순다르 피차이Sundar Pichai CEO는 AI가 샌프란시스코의 한 식당에 전화를 걸어 종업원에게 직접 식당 예약하는 기능을 시연해 세계를 놀라게 했다. 식당과 사전에 협의 없이 진행된 시연이었다. 식당 종업원은 AI가 사람의 목소리와 너무 똑같아 전혀 눈치 채지 못했다. AI는 원하는 날짜와 시간에 대해 식당 종업원과 질문을 주고 받으며 성공적으로 예약을 마쳤다. AI는 심지어 대화 중간중간 "음…" "어…"와 같은 추임새를 구사하기도 했다. 사람 대신 전화를 걸어주는 대화형 AI인 구글 듀플렉스Google Duplex라는 이 기술은 복잡한 상황에서도 무리 없이 대화를 이어나갔다. 사용법은 이렇다. 사용자가 구글 어시스턴트에게 "○○식당에 내일 7시 2명 예약해줘"라고 말하면 AI가 식당에 전화를 걸어 대신 예약을 해준다. 이 기술은 음성을 문자로 변환하는 음성−텍스트변환STT, Speech To Text 기술과 문자를 음성으로 변환하는 텍스트−음성변환TTS, Text To Speech 기술이 결합된 결과다. 사용자가 AI에게 음성으로 요청하면 음성은 텍스트로 변환

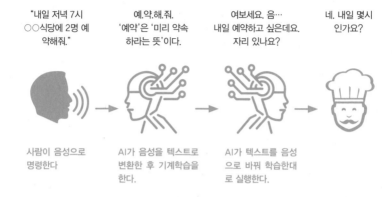

"내일 저녁 7시 ○○식당에 2명 예약해줘." 예.약.해.줘. '예약'은 '미리 약속 하라는 뜻'이다. 여보세요. 음… 내일 예약하고 싶은데요. 자리 있나요? 네. 내일 몇시 인가요?

사람이 음성으로 명령한다

AI가 음성을 텍스트로 변환한 후 기계학습을 한다.

AI가 텍스트를 음성 으로 바꿔 학습한대 로 실행한다.

인간이 AI에게 말로 명령하면 인식하고 실행한다

되어 AI가 인식하고, AI는 학습된 데이터를 바탕으로 다시 텍스트를 음성으로 변환하여 종업원에게 말하는 구조다. 텍스트─음성변환 기술은 이미 네이버뉴스의 '본문듣기' 서비스를 통해 쉽게 접할 수 있을 만큼 보편화되었다.

　그러나 이러한 텍스트─음성변환 기술은 완벽히 사람의 음성 톤과 일치하지는 않는다. 여기서 텍스트─음성변환 기술은 **자연어처리기술**과 만나면서 더욱 완벽해진다. 이 기술로 사람과 똑같이 매끄럽고 자연스러운 목소리를 만들어낼 수 있다. 전 세계 대부분의 언어

> 자연어처리기술Natural Language Processing, NLP
> 사람이 사용하는 언어를 컴퓨터가 인식하여 처리하는 기술이다.

123

가 음성으로 지원되는가 하면, 말의 속도와 높낮이, 발음과 같은 특성을 간단하게 설정하여 상황에 맞게 조절할 수 있다. 단 몇 분 동안 목소리를 학습시키면 고유한 음성을 만들어낼 수도 있다. 이렇게 만든 음성 소스를 통해 대본이나 길이가 긴 오디오 콘텐츠를 합성하는 데도 사용할 수 있다. 고객상담센터에 전화 상담을 받을 때 상담사의 목소리를 내가 좋아하는 연예인의 목소리로 선택해서 받는 것도 가능해진다.

운전 중에 이메일이나 인터넷 사이트 내용을 음성으로 들을 수도 있고, 자국어가 아닌 경우에는 통역해서 들을 수도 있다. 이 메일 회신을 해야 한다면 음성으로 이메일 발송도 한다. 파일이나 사진도 음성으로 검색해 첨부하고, 주소록 검색도 음성으로 가능하다.

텍스트-음성변환 기능에 OCR Optical Character Reader, 광학문자판독 기능이 결합되면 시각장애인들에게 편리함을 제공해 줄 수 있다. OCR은 빛을 이용해 판독하는 장치로 문자, 기호, 마크 등에 빛을 비추어 그 반사 광선을 전기 신호로 바꾸어 컴퓨터에 입력하는 기술이다. OCR을 이용해 음식점의 메뉴판을 스캔하여 AI가 문자를 인식한 뒤 자동으로 메뉴를 들려준다면, 시각장애인은 다른 사람의 도움 없이 메뉴를 선택할 수 있을 것이다. 실제로 이 기술은 MS의 시잉

시각장애인을 위한 '시잉 AI'의 개발자 사킵 샤이크의 개발 스토리 영상

AI seeing AI라는 어플로 구현됐다. 이 어플은 시각장애인에게 주변 환경, 인물, 사물, 텍스트, 이미지 등을 설명해주고, 스마트폰 카메라로 상대방을 비추면 성별, 나이, 행동, 감정 등을 분석해 묘사해준다. 이 기술은 시각장애인이자 MS의 소프트웨어 엔지니어 사킵 샤이크Saqib Shaikh가 개발해 화제가 됐다.

음성－텍스트변환 기술은 고객센터에서도 적극적으로 활용되고 있다. 고객과 상담원의 음성 상담내용을 문자로 변환하고 이

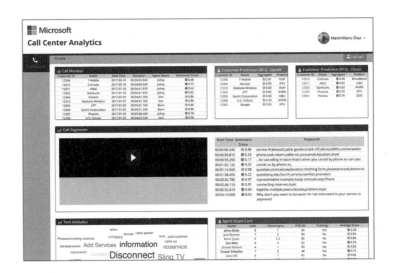

감정노동자의 스트레스 지수를 분석하는 감정분석 API

를 '감정분석 API'를 통해 대화 내용이 긍정적인지 부정적인지 점수로 환산한다. 최근 감정노동에 대한 의식 변화로 고객 상담으로 인한 정신적 스트레스를 해결해주기 위해 상담원에게 심리상담이나 휴가를 주는 기준으로 이 데이터가 활용되고 있다. 실시간으로 수집되는 상담내용이 텍스트로 변환되어 고객의 불만사항이나 이슈를 빠르게 인지하고 해결방안을 찾아 조치할 수 있다.

MS의 서피스 이어버즈Surface Earbuds 이어폰이나 구글의 픽셀버즈Pixel Buds 이어폰 역시 전 세계 언어를 실시간 통역하는 서비스를 탑재하고 있다. 이 역시 음성－텍스트변환과 텍스트－음성변환 기술이 상용화될 만큼의 수준에 도달했다는 것을 보여준다.[83]

사진 찍어 텍스트로 변환하는 OCR

—

스마트폰 카메라로 명함을 찍어 연락처에 자동으로 저장해주는 어플도 문자이미지를 인식해 텍스트로 변환하는 OCR 기술 중 하나다. 이 기술을 통해 서적, 잡지, 신문 등과 같은 일반 인쇄물의 문자이미지를 촬영해 텍스트로 변환하고 저장하거나 자신이 원하는 대로 편집해 간편하게 사용할 수도 있다. 자국어뿐 아니라 전 세계 언어를 활용할 수 있게 발전하고 있어 활용도가 더 높아지고 있다.

자신의 처방전 사진을 찍으면 약에 대한 정보를 알 수 있는 건강관리 어플 파프리카케어Papricacare도 OCR을 이용한 기술이다. 처방전을 이해할 수 있도록 약의 효능과 부작용 등에 대한 정보를 쉽게 설명해주고, 가족 개개인이 가입하지 않아도 하나의 계정으로 가족 모두를 등록할 수 있다. 유전자분석, 생활습관 정보를 기록하는 웨어러블 디바이스인 액티비티 트랙커activity tracker와 병원진료기록을 자동화해서 환자들과 공유하는 IoT 디바이스가 결합된 서비스도 있다. 경험적이고 보편적인 치료를 넘어 과학적인 개인맞춤형 진단과 치료가 가능하게 된 것이다.

이처럼 AI와 빅데이터를 결합한 서비스들이 발달하면서 처방전을 기반으로 한 PHR이 헬스케어의 중요한 화두로 떠오른 만큼 의학정보가 많지 않은 일반인들에게 유용하게 쓰이게 될 것이다. 이 외에도 사업자등록증에서 정보를 추출하여 국세청이나 공정위 홈페이지에서 정상적인 사업자인지 검증할 수 있는 기술도 등장하면서, OCR과 AI, 빅데이터를 결합한 서비스들이 우리 생활 가까이에 더 빠르게 다가오고 있다.

> PHR Personal Health Record 의료기관에 흩어져 있는 진료·검사 정보와 스마트폰 등으로 수집한 활동량 데이터나 스스로 측정한 체중·혈당 등의 정보를 모두 취합해 사용자 스스로 열람하고 관리할 수 있도록 구축한 건강기록 시스템.

비대면 상담에서 챗봇 상담으로 진화하다

—

다양한 고객 서비스를 처리하기 위해 가상 비서를 사용하는 기업이 점점 더 많아지면서 세계적으로 '챗봇'이 인기몰이를 하고 있다. 챗봇은 자연어처리기술을 통해 고객이 질문한 내용을 미리 학습하여 대화하듯 상담하는 AI 서비스다.

카카오뱅크의 상담 챗봇은 이미 전체 문의량의 50% 이상을 소화해내고 있다.[84] 일반은행 창구에서 고객 응대의 90% 이상을 상담원이 처리하는 것과 비교하면 상당히 대조적이라고 할 수 있다. 계좌 입출금 내역과 체크카드 결제 내역 등과 같은 문의는 상담원보다 챗봇이 더 빠르게 처리한다. 챗봇은 고객과 24시간 실시간 상담을 할 수 있을 뿐 아니라, 신규 서비스가 출시되면 고객 문의가 급증하게 되는데 이때 챗봇은 상담원들의 부담을 크게 덜어준다.

또한 카카오뱅크는 "ㅈㅅ죄송" "ㄱㅅ감사"와 같은 초성들을 처음에는 의미 없다고 평가했지만 해당 초성들이 고객들의 감사 표현임을 알고 난 후, 요즘 젊은 세대들이 많이 쓰는 초성들을 별도로 분류하고 학습을 통해 적절한 답변을 달 수 있도록 하기도 했다.[85]

카카오톡은 중소사업자도 손쉽게 비즈니스 챗봇을 만들 수

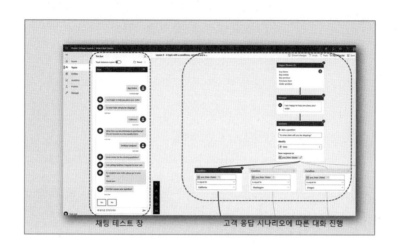

채팅 테스트 창   고객 응답 시나리오에 따른 대화 진행

'챗봇 빌더'에서 예상 시나리오대로 챗봇 상담을 만들고 있다

있도록 하면서, 이 서비스를 사용한 업체들의 매출에 실질적인 도움을 주고 있다. 사업주는 메뉴와 가격, 상품명 등 필수 정보를 입력하여 쉽게 챗봇을 구축할 수 있고, 소비자 역시 카카오톡의 챗봇으로 영화 예매나 음식을 주문하게 된다. 또한 오프라인 매장에서도 주문과 결제, 스탬프 적립까지 카카오톡으로 할 수 있다.[86]

기업에서는 반복적인 질문에 사람이 아닌 챗봇이 대답하기 때문에 시간과 비용을 절감할 수 있는 것은 당연하다. 이제는 챗봇 기술도 점점 고도화되어, 클라우드 플랫폼 안에서 코딩이나

MS 애저 챗봇 서비스 '파워 버추얼 에이전트' 사이트. 이 사이트에서는 챗봇을 코딩없이 만드는 것을 무료로 체험해볼 수 있다.

기술 지식이 없어도 몇 분만에 챗봇을 만들 수 있다. 네이버 클라우드 플랫폼Naver Cloud Platform의 챗봇이나 MS 애저의 파워 버추얼 에이전트Power Virtual Agents와 같은 서비스들이 코딩없이 누구나 챗봇을 만들 수 있는 프로그램이다.

이런 프로그램들로 개인 맞춤형 챗봇 시대를 앞당기게 된다. 회사에서는 직원마다 하나씩 나만의 챗봇을 만들어 팀 간의 반복적인 의사소통에 활용할 수 있다. 예를 들어, 연초가 되면 사내 총무과에서는 직원들의 연말정산 업무가 시작되는데, 매년 이 시기가 되면 총무과 담당자에게 반복적인 질문이 발생한다. 총무과 담당자가 사내 직원들을 응대하기 위한 개인용 챗봇을 만든다면, 이런 반복적인 업무소통도 쉽게 해결될 수 있다.

부산의 한 고등학생은 AI 기반 챗봇으로 학생과 교사, 학부모 모두가 사용할 수 있는 '학교용 카카오톡 플러스 친구'를 개발하기도 했다. 이 학생은 친구들이 학교에 자주 묻는 질문을 자동으로 응답해주는 챗봇을 구현한 것이다. 학사일정이나, 급식메뉴, 미세먼지, 날씨, 학교 주요 전화번호 등을 카카오톡에서 물어보면 자동으로 응답할 수 있게 했다. 이것이 가능했던 이유도 클라우드 플랫폼에서 챗봇 빌더를 사용하면 개발 전문가가 아니더라도 쉽게 사용할 수 있기 때문이다.[87]

5분 만에 홈페이지 만들어주는 AI

—

워드프레스Wordpress는 설치형 블로그 서비스로 유명하다. 워드프
레스는 이제 클라우드 기반으로 홈페이지를 만들 수 있도록 하고
있다. 기존과 달리 클라우드 기반으로 블로그나 홈페이지를 개
설하게 되면 게시글의 데이터와 연계하여 통계를 분석하거나 AI
서비스와도 쉽게 결합할 수 있다.

예를 들어, 텍스트로 입력한 블로그 게시글을 자연스러운 사람
음성으로 들을 수 있다. 이 기능은 AWS의 텍스트－음성변환 서
비스인 폴리Polly를 이용한 것인데, 이 서비스에서는 고급 딥러닝
기술을 사용하여 다양한 언어로 수십 개의 자연스러운 사람의 음
성을 구현한다.[88]

전 세계 1억 6천만 명의 사용자를 보유하고 있는 클라우드
기반 DIY 홈페이지 구축 사이트 윅스wix에서는 AI를 통해 더
쉽게 회사 홈페이지를 만들 수 있다. 사용자가 회사 사업분야
등의 정보를 입력하면 AI 기반 자동화 웹디자인 서비스Artificial
Design Intelligence, ADI로 회사 분야에 맞는 레이아웃과 페이지 등을 가
져온다.

사이트 구축에 필요한 이미지를 찾는 경우, 단순히 텍스트

만 검색해주는 것이 아니라 사용자의 의도가 무엇인지 파악하여
유사한 검색 결과를 클라우드 기반 AI로 분석한 후에 제공하는
것이다.

03

비대면사회

필수 기술

RPA

단순업무가 없어지고 있다

—

"사람보다 생산성은 2배 높고, 업무 시간은 5배 길다. 약 10배의 노동 인구를 투입하는 효과를 낸다." 손정의 소프트뱅크Softbank 회장은 2019년 6월 〈이매진 도쿄Imagine Tokyo 2019〉 서밋 기조연설에서 이렇게 말했다. 로봇 프로세스 자동화Robotic Process Automation, RPA, 이하 'RPA' 시스템을 두고 한 말이다.

기업 내에서 처리해야 하는 데이터가 증가하면서, 사람이 해야 했던 단순 업무를 대신 해주는 RPA 시장은 더욱 가속화되고 있다. 특히, 코로나19 사태로 인해 사람들의 인터넷쇼핑과 비대면 상담이 늘어나면서 택배물류, 콜센터 등과 같은 분야에서 단순업무를 대신해주는 RPA가 더욱 주목받기 시작한 것이다.[89] 가트너는 RPA 시장이 2024년까지 두 자릿수 비율로 성장한다고 전망했다. 올해 전 세계 RPA 시장 수익이 지난해보다 19.5% 증가한 18억 9,000만 달러(약 2조 1,000억 원)가 될 것으로 전망했다.[90] 2021년부터 2028년까지 매년 32.8% 정도 성장할 것으로 예측하고 있다.[91]

국내에서는 삼성SDS, LG CNS, SK C&C, 포스코 ICT 등 국내 업계 'BIG 4'가 RPA 시장에 본격적으로 뛰어들었는데, 2021년 1천억 원 규모로 예상되는 국내 RPA 시장을 선점하기 위해서다.[92]

> 시스템통합, SI System Integration의 약자. 네트워크, 하드웨어 및 소프트웨어 등 IT와 관련된 수많은 요소들을 결합시켜, 하나의 시스템으로서 종합적으로 함께 서비스될 수 있도록 하는 사업.

RPA란 무엇일까? 일반인에겐 생소하지만, 이미 많은 기업에서는 RPA를 적극적으로 활용하고 있다. RPA는 사람이 해야 하는 단순 반복 업무를 대신 처리해주는 스프트웨어형 자동 로봇을 말한다. 사람이 5시간 걸려 처리하던 문서입력업무를 RPA는 5분 만에 처리할 수 있다. 오랜 작업에 따른 피로감으로 생기는 사람의 실수인 '휴먼 에러human error'도 없다. RPA가 활용되는 업무는 이메일 내용을 확인하고 정해진 답장을 해주거나 파일 이동 · 복사 · 붙여넣기, DB 읽기 · 쓰기, SNS 통계 데이터 수집 등 업무의 종류는 단순할 수 있으나 다뤄지는 데이터 양이 방대할

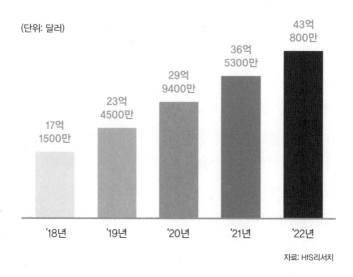

(단위: 달러)

43억
800만

36억
5300만

29억
9400만

23억
4500만

17억
1500만

'18년   '19년   '20년   '21년   '22년

자료: HfS리서치

늘어나는 RPA 시장 규모

경우에 유용하게 이용된다. 금융권에서는 계약 관리, 보험증권 처리, 정보 조회 등 간단하지만 손이 많이 가는 지원업무에 RPA를 적용해 가시적인 성과를 얻고 있다. 단순하지만 시간이 오래 걸리고 반복되는 업무에 RPA를 활용하고 있는 것이다.[93]

RPA가 등장한 배경은 인건비 절감을 위한 **비즈니스 프로세스 아웃소싱** 시장 때문이다. 초기에

비즈니스 프로세스 아웃소싱
Business Process Outsourcing, BPO
회사의 핵심업무를 제외한 전 과정을 외부 업체에 맡기는 방식이다.

는 기업들이 정산과 같은 단순 업무를 인건비가 상대적으로 저렴한 인도, 중국, 동남아로 BPO 사업을 확대해왔다. 하지만 해외 BPO 국가의 인건비가 지속적으로 오르면서 BPO의 수익성에도 한계가 오기 시작했다. 이를 극복하기 위해 등장한 것이 RPA다.

RPA와 AI를 결합한 삼성SDS의 브리티웍스Brity Works 시스템의 경우 자재 현황 분석이나 고객 응대, 판매 관리 등의 업무를 자동화했는데, AI봇에게 음성으로 명령을 내리며 업무 자동화를 진행하고 있다. 삼성SDS는 사내에 무려 1만 7,800여 개 업무를 자동화해 9개월 동안 기존 시스템 대비 약 55만 시간에 달하는 업무 시간을 절감했다.[94]

RPA는 특히, 금융권에서 환영받는 기술로 다른 분야보다 앞서 도입되었다. 카드사에서 이루어지는 대부분의 정산 업무란 시스템에 접속해 데이터를 취합하고 반복적인 계산을 하는 단순 업무가 전체의 70%를 차지한다. 신한카드사는, 정산 업무를 포함하여 카드분실 신고, 대금정산, 오토금융, 카드모집/심사/발급, 습득 카드 처리 및 영업 지원에 이르기까지 100여 개 업무에 RPA시스템을 적용한 뒤, 사람의 근무 양으로 환산했을 때 연간 6만여 시간을 RPA가 대신하고 있는 것으로 파악했다.[95] RPA로 업무 효율이 이루어지면서 시스템의 부하도 자연적으로 줄어들어 서버 시스템 유지 비용도 23% 가량 절감했다. 회계법인 삼정

KPMG 보고서에 따르면, 신한카드사에서 도입한 RPA의 적용 영역을 확대하면 전체 비용의 46%까지 절감할 것으로 보고 있다.[96]

NH농협은행는 하루 1,600건에 달하는 대출연장 심사의 96%를 RPA가 담당한다. 기존 직원들이 하던 신용 등급 조회 등 심사 프로세스를 반복하도록 프로그램했다. RPA가 도입되었지만 그후에도 직원 수는 그대로 유지되어, 은행원들은 전략·기획 업무 등 사람만이 할 수 있는 업무에 집중하게 된 것이다.[97]

그 외에도 대부분의 기업들이 공통으로 처리하는 세금계산서, 송장 invoice 발행이나 거래처 입력 업무도 RPA로 할 수 있는 것들이다. 매월 말 이루어지는 매출 마감 업무라든지, 매장 내 주문 및 결제용으로 쓰이는 POS 기기 정산 업무도 RPA가 처리할 수 있다.

이처럼 클라우드 서비스업체들은 RPA 기술이 기업 업무를 효율적으로 끌어올려준다는 것에 주목하여 전략적으로 투자하고 있다. 특히 MS는 2020년 5월 RPA 업체인 소프토모티브 Softomotive를 공식 인수함으로써 MS의 RPA 서비스인 파워오토메이트 Power Automate에 소프토모티브의 기술을 결합하여 제공할 것으로 보인다. MS의 이러한 행보는 RPA 시장의 잠재력이 어느 정도일지 예상되는 대목이다.

외국어 동영상을 바로 번역하여 자막으로

—

RPA 기술은 단순업무 처리를 대신해주는 것에서 시작했지만, 점점 그 영역이 확장되고 있다. 그중 하나가 번역 업무다. 최근에는 해외에서 온 이메일을 실시간으로 번역해서 자국의 언어로 바로 확인할 수 있는 역할을 RPA가 하고 있다. 이메일 내용뿐만 아니라 트위터나 페이스북과 같은 SNS에서도 이제 외국어로 댓글을 다는 경우 번역 API와 결합하여 번역된 내용을 바로 확인할 수 있다.

구글 클라우드의 번역 API의 경우 현재 아프리칸스어_{남아프리카공화국의 공용어}에서 줄루어_{니제르-콩고 어족의 언어}에 이르기까지 100개가 넘는 언어를 지원한다. 자동 기계학습 번역 API를 사용하면, 어떤 언어인지 지정하지 않더라도 해당 언어를 자동으로 감지한다. 번역된 언어 조합을 통해 추가적으로 기계학습을 시키면 산업별로 쓰이는 전문용어를 식별하여 맞춤형 번역 서비스도 할 수 있다. 이러한 언어 자동 감지 기능은 네이버 파파고에서도 활용되고 있다.

화상 채팅 서비스 회사 하이퍼커넥트 Hyperconnect는 클라우드 기반의 번역 API를 사용해서 화상 채팅 중 실시간으로 상대방

국가의 언어를 자국어로 자막 처리하는 기능을 제공하고 있다. MS 애저는 클라우드 번역 API와 비디오인덱싱 기술을 결합하여 동영상이나 오디오 파일의 대화 내용을 자동으로 자막으로 변환하거나, 화면에 나오는 사람들의 감정을 분석하는 것은 물론, 주제는 무엇인지까지 추출한다. 이처럼 여러 기술을 결합해 새로운 기술을 만들어내는 것이 클라우드의 힘이다.

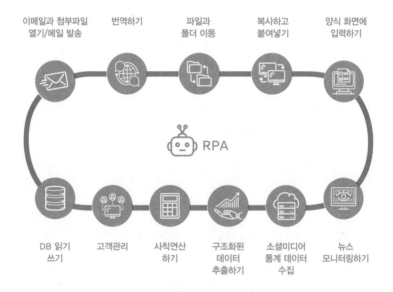

이메일과 첨부파일 열기/메일 발송   번역하기   파일과 폴더 이동   복사하고 붙여넣기   양식 화면에 입력하기

RPA

DB 읽기 쓰기   고객관리   사칙연산 하기   구조화된 데이터 추출하기   소셜미디어 통계 데이터 수집   뉴스 모니터링하기

RPA가 자동으로 해주는 업무들

사용자 입장에서는 이런 시나리오를 예상할 수 있다. 클라우드에 동영상 파일을 업로드하는 순간 비디오 인덱싱이 활성화된다. → 비디오 인덱싱 처리가 완료되면 대본이 텍스트로 변환되고, 번역 API를 통해 원하는 언어로 번역이 이루어진다. 이런 작업들을 이제는 모두 자동화할 수 있기 때문에 클라우드에서 제공되는 기술들을 잘 들여다보고 이해할 필요가 있다.

실시간으로 뉴스를 모니터링하라

—

뉴스 모니터링은 지금도 많은 기업에게 중요한 업무 중 하나다. 미디어에서 언급되는 자사의 뉴스를 모니터링하여 기업에게 영향을 미칠 수 있는 오보나 왜곡된 정보, 경쟁사의 동향을 파악하고 이에 대응하기 위해 꼭 필요하기 때문이다. 종이 신문이 주요 미디어였던 때는 가판 신문을 읽고, 자사와 관련된 기사를 오려 보관하는 방식으로 스크랩하는 것이 전부였다. 그러나 오늘날에는 네이버, 구글, 다음Daum과 같은 포털사이트를 포함하여, 방송 미디어, SNS에 이르기까지 홍수처럼 쏟아지는 뉴스를 키워드로 검색하여 스크랩한다는 것은 말처럼 쉽지 않다. 이를 대행해주는 모니터링 업체까지 있을 정도이니 기업 입장에서 뉴스 모니터링 이 얼마나 중요한지 알 수 있다.

온전히 인력의 집중력과 판단력에 의지해야 했던 뉴스 모니 터링도 이제 RPA로 가능하다. 문장을 읽어내고 그 사이에서 의 미와 패턴을 찾아내는 자연어처리기술과 RPA가 결합하여 더 이 상 사람이 뉴스 스크랩을 하지 않아도 되는 것이다. RPA를 통해 회사명을 키워드로, 제목이 다르더라도 유사한 내용의 중복 기사 는 걸러낼 수 있다. 또한 부정적인 내용의 기사와 긍정적인 내용 의 기사를 분류하여 체계적인 보고서로 정리할 수 있다. MS 애 저의 로직 앱스Logic Apps는 바로 이러한 뉴스 모니터링과 같은 업무 를 RPA로 손쉽게 해준다. 이 RPA 서비스는 뉴스 미디어뿐만 아 니라 SNS의 게시물도 추적하여 분석하고, 특정 기업이나 제품에 대해 SNS에 새로운 글이 올라오면 이를 긍정 및 부정적 게시물로 분류한다. 더 나아가 데이터 시각화 프로그램과 RPA가 결합하면 주간, 월간, 연간 단위로 긍정 및 부정적 기사의 통계뿐만 아니라 게시물 수의 추이를 하나의 대시보드 안에서 볼 수도 있다.

첨부파일만 따로 모아주는 로봇이 있다면

—

직장인들이 업무용으로 사용하는 이메일에는 하루에도 수많은 양의 데이터들이 오고간다. 특히 이메일에 첨부된 파일은 다른 업무를 처리하다보면 바로 다운로드해놓지 않는 경우도 허다하다. 정작 파일이 필요할 때 받은메일함을 검색하며 한참을 뒤적거리기 일쑤다. 그나마 어렵게 찾은 메일의 다운로드 기간이 만료되면 상황은 더 복잡해진다.

이런 상황을 대비해 이메일의 첨부파일을 클라우드 스토리지에 자동으로 저장해주는 RPA가 있다. MS의 클라우드 기반 업무자동화 RPA 서비스 파워오토메이트에는 이메일로 받은 첨부파일을 자동으로 클라우드에 저장한 뒤 QR코드를 생성하여 파일을 쉽게 다운로드할 수 있게 해주는 기능이 있다.

심지어 비디오 인덱싱 기능과 조합을 하면, 동영상이 첨부파일로 전송되었을 경우, 폭력적이거나 자극적인 성인물과 같은 부적절한 콘텐츠가 포함되어 있는지 식별하여 부적절하다고 판단이 되면 자동으로 삭제한 뒤, 회사 내 보안팀에 알려 추가 확산을 차단해준다.

유통사나 제조 관련 회사라면, RPA에게 알아서 주문받고 발주하는 역할까지 맡길 수 있다. 거래처에서 출고 담당자 이메일로 제품명과 수량이 적힌 주문서 양식이 첨부파일로 들어오면, RPA 가 첨부파일에 기재된 주문 내역을 인식하여 발주 시스템에 자동 으로 등록한다. 발주 담당자가 시스템에 등록된 주문 건을 승인하면 물류창고에 전송되어 실제로 출고가 이루어지는 것이다.

명함 정보를 엑셀에 저장해준다

—

RPA가 가장 많이 필요한 분야는 OCR 분야다. 앞서 다루었듯, OCR은 텍스트—음성변환 기술과 결합하여 문자를 인식한 뒤, 음성으로 알려주는 시각장애인용 스마트글래스에 적용되는 등 다양한 분야에서 높은 활용가치를 보여주고 있다. 이처럼 스캔한 문서나 팩스, 모바일 촬영 이미지를 판독하는 OCR 기술과 필요한 정보만 추출하여 데이터베이스화하는 RPA을 연동한다면 어떨까? 이 솔루션은 간단한 서식부터 복잡한 서식까지 모든 종류의 문서를 하나의 솔루션으로 처리할 수 있으며 여러 종류의 서식이 섞여 있어도 자동으로 서식의 종류별로 분류한다.

이러한 기술이 가장 많이 사용되고 필요한 곳은 보험업이나 병원 등 팩스 위주로 문서를 수신하는 곳이다. 최근에는 인터넷 팩스와 같이 수신된 문서가 바로 PDF처럼 디지털 이미지로 저장되기 때문에, 수신된 PDF 파일을 클라우드로 전송하면, RPA는 AI 기반의 OCR 기술과 결합하여 PDF 상의 문자를 인식한 뒤 디지털화된 텍스트로 변환한다. 여기서 더 나아가 수기로 작성된 부분이나 표까지 인식하여 텍스트로 변환한 뒤, 워드Word나 엑셀Exel 파일 등에 담아 사용자에게 보내주기로 한다.

또한 특정 이메일을 지정하면 그 이메일 주소로 들어오는 메일을 자동으로 PDF로 변환하여 클라우드에 저장해주는 기술까지 등장했다. RPA와 OCR 그리고 AI까지 가세하면 명함을 스캔한 후 이름, 주소, 회사, 전화번호, 이메일을 자동으로 분류한 뒤 엑셀로 정리해준다. 그다음, 명함 정보를 통해 CRM에 이미 등록된 고객이라면 빠진 정보만 자동으로 추가하고, 신규고객이라면 새롭게 고객 리스트에 등록한다. 등록된 신규고객은 팀 전체에 이메일이나 푸시 기능으로 자동 알림을 하여, 고객관리 데이터를 실시간으로 공유할 수 있다.

> **고객관리솔루션CRM** Customer Relationship Management의 약자로 '고객 관계 관리'를 뜻한다. 기업에게 필요한 고객관리 방법론이나 소프트웨어 등을 가리키는 것으로, 고객 데이터를 분석하여, '한 번 고객은 평생고객'이 될 수 있는 기회를 만들어 고객의 가치를 극대화한다.

궁극의 RPA 시대

—

이처럼 RPA는 AI 기술과 융합되면서 한층 지능화되고 고도화되고 있다. 실제로 교보생명은 RPA와 AI의 머신러닝 기법을 이용해 보험사기를 찾아내는 시스템을 개발했다. 보험사기에 빈번하게 발생하는 질병이나 상해군을 RPA가 자동으로 그룹화하면, AI가 보험 계약과 사고 정보 등의 데이터를 통해 보험사기의 특징을

명함을 찍어 주소록에 저장해주는 OCR 기술

146

학습하여 이와 유사한 행동을 보이는 대상을 찾아내는 것이다.[98]

RPA와 AI의 결합은 이른바 초자동화 Hyper Automation의 시대를 예견하고 있다. 초자동화란 RPA와 AI, 기타 분석 도구 등을 모두 융합한 개념이다. 데이터를 학습함으로써 추론까지 가능한 기계학습 기반의 AI는 자동화 처리와 관련이 있기 때문에, RPA와의 융합은 지극히 자연스러운 것으로 볼 수 있다. 초자동화는 가트너가 2020년 10대 주요 기술 중 하나로 선정하기도 했다. 이제 자동화는 모든 IT 기술과 융합되는 '궁극의 RPA' 시대로 넘어가고 있다.

04

사물과 사물이
대화하는 시대,
사물인터넷

스마트한 생활을 만드는 기술

—

2014년 구글은 IoT 전문회사 네스트 랩스Nest Labs를 32억 달러 (약 3조 4천억 원)이라는 거액에 인수했다. 이 회사는 '네스트 러닝 서모스탯Nest Learning Thermostat'이라는 학습형 온도조절기를 출시하면서 빠르게 성장한 기업이다. 손바닥만 한 온도조절기를 벽에 부착해 휠을 조작만 하면, 인터넷을 통해 집에 있는 에어컨의 온도를 조절할 수 있다. 스마트폰으로 간단하게 설정하면 집의 습도도 자동으로 조절해준다. 또한 피크타임 대의 전력 사용을 효율적으로 관리해주기도 한다. [99]

온도조절기 하나로 집 안을 관리하는 네스트 러닝 서모스탯

주인을 깨우기 위해 전등을 켜거나, 커피포트가 시간에 맞춰 물을 끓이고, 주인이 집을 나가면 전기와 가스가 자동으로 차단된다. IoT 기술이 이러한 시대를 현실로 만들어주고 있다. IoT는 클라우드에서 주목받고 있는 기술 중 하나로 사물에 센서를 부착해 실시간으로 데이터를 인터넷으로 주고받는 기술이나 환경을 말한다. IoT는 이미 우리 생활에 성큼 다가와 있다. 스마트폰과 이어폰을 선 없이 연결해주는 블루투스나, 스마트폰을 버스 교통카드 단말기에 가져다 대면 결제가 되는 근거리무선통

신_{NFC, Near Field Communication}도 IoT 기술 중의 하나다. 하지만 지금의 IoT 기술은 이러한 능력을 훨씬 뛰어넘어 광범위하게 사용되고 있다. IoT 기술은 다른 기술들과 합쳐졌을 때 더 막강한 힘을 발휘한다. 클라우드와 같이 여러 IT 기술의 '합체' 가능한 플랫폼이라면 그 시너지 효과는 무한하다.

IoT는 전 분야에 걸쳐 역할을 하고 있다

농촌에 꽃 핀 4차산업, 스마트팜

—

IoT의 가장 큰 특징은 사물에 센서를 달아 데이터를 주고 받는다는 것이다. 이 기술이 농사에 적용되면 어떨까? 스마트팜은 농사 기술에 IoT를 이용하여 만든 지능화된 농장으로, 센서가 땅의 습도나 대기 중 온도를 측정해 식물 성장의 최적 환경을 만들어준다. 건조하면 물을 주고 영양분이 부족하면 비료를 준다. 모두 자동으로 말이다.

뉴질랜드의 블랙힐스팜Blackhills Farm은 스마트팜으로 효율성을

땅의 온습도를 IoT로 관리하는 블랙힐스팜

극대화했다. 에너지관리 회사 슈나이더 일렉트릭Schneider Electric의 제품과 MS 애저의 IoT를 사용하여 땅의 온·습도를 실시간으로 확인하고 일기 예보와 연동된 시스템을 통해 농작물 관리에 필요한 물을 공급하는 데 드는 비용을 50%나 절약하고 있다.

국내 스마트팜 스타트업 상상텃밭 역시 IoT를 이용하여 작물 생산을 자동화했다. 별도 서버를 설치할 필요 없이 온·습도와 일조량 등을 클라우드 AI 분석 시스템을 통해 조절할 수 있다. 비용은 낮추고 성능은 높인 것이다. 상상텃밭은 미국 라스베이거스에서 열리는 세계 최대 전자제품 박람회인 〈CESConsumer Electronics Show 2020〉의 비즈니스 데모데이Demo Day에서 1등을 받을 만큼, 세계 최고 수준의 수경재배 기술과 스마트한 경작을 위한 분석 툴을 통해 환경 변수, 생산성, 병충해 발생률 등을 분석하는 빅데이터 농업으로 주목을 받고 있다.[100]

IoT는 기업의 생산성 향상에도 기여를 하지만 공공 부문에서도 사회안전망 역할을 하고 있다. 노인 혼자 쓸쓸히 죽음을 맞이하는 무연고 사망, 이른바 '독거노인 고독사'는 해마다 증가하고 있다. 무연고 사망자는 2016년 1,820명에서 2020년 6월 기준 923명으로 해마다 증가하고 있는데, 이중 65세 이상 노령 인구의 연도별 사망자 수는 2016년 735명(40.4%)에서 2020년 6월 기준 388명(42%)으로, 노령 인구의 고독사 수와 비율이 늘고 있다.[101]

이러한 사회문제를 해결하기 위해 서울시는 '독거어르신 안전관리 솔루션'을 개발했다. 독거노인 가정에 IoT 기기를 설치해 노인의 움직임, 실내온도, 조도, 습도, 화재, 가스 등을 감지한 후 이 데이터를 생활지원사의 스마트폰 어플로 전송해 실시간 모니터링이 가능하도록 한 공공 서비스다. 일정 시간 움직임이 감지되지 않아 이상 징후가 의심될 경우 담당 생활지원사가 즉시 독거노인 가정에 연락하거나 방문해 위기상황에 대응할 수 있다. 또 IoT 기기에서 수집된 온도, 습도, 조도 등의 정보는 폭염이나 한파를 대비하는 냉·난방용품과 기타 복지자원을 나눠줄 때 정확한 배분을 위한 자료로도 활용한다.[102]

수술의 정확도를 높인다

—

IoT는 특히 병원의 외과술에 적용하여 그 역할을 톡톡히 하고 있다. 고도의 전문 장비가 사용되는 만큼 장비를 다루는 정확도가 요구되는 분야다. 이는 성공률과 직접 연관된다. 지방흡입술은 주삿바늘 모양의 캐뉼라cannula라는 튜브로 몸속에 쌓인 지방층을 뽑아내는 수술이다. 피부와 근육 사이에 있는 지방층을 정확히 찾아내 적절한 깊이로 캐뉼라를 주입해야 하는데 너무 깊이 찌르면 근육이 손상될 수 있고, 너무 얕게 찌르면 피부 표면 가까운 곳의 지방이 빠지면서 피부가 울퉁불퉁해지거나 괴사할 수 있다. 굉장히 예민한 손 감각이 필요한 수술이다.

캐뉼라를 찌르고 지방을 뽑아내는 과정은 지방흡입술 한 번에, 1만 2천 번에서 2만 번을 반복한다. 그만큼 집도의의 손동작이 정확하고 균일하게 움직이는 것이 중요하다. 하지만 사람마다 지방층의 두께와 위치가 다르기 때문에 손 기술만으로 균일하게 찌른다는 것은 결코 쉬운 일이 아니다. 국내 365mc병원의 경우, 캐뉼라 끝에 모션캡처 시스템Motion Capture System을 달았다. 모션캡처는 3차원 공간에서 움직이는 대상의 방위를 측정하여 그 정보를 응용하는 장치다. 모션캡처를 통해 수집된 수술 데이터를 빅데이터 솔루션으로 분석한 것이다. 수만 번의 손동작 패턴을 분석하여 잘된 수술 모델을 제시하며, 더 나은 가이드라인을 만든다.

산업으로 확장되는 IoT

—

IoT는 작은 장비나 생활가전 등에서부터 산업 현장에 이르기까지 광범위한 영역에서 활용되고 있다. 그중 발전설비에 적용되어 생산성을 높여주기도 한다. 글로벌 발전 기업인 마루베니 Marubeni는 아시아, 중동, 유럽, 오세아니아 등에서 1,180만KW의 전력을 생산해낸다. 이 양은 싱가포르 발전 양의 90%에 해당하는 규모다. 이 정도 규모의 전력을 생산하기 위해서는 연간 약 2천억 엔(약 2조 2천억 원) 가량의 비용이 소요된다. 기업 입장에서는 운영 효율을 1%라도 높인다면 연간 20억 엔(약 220억 원)의 비용을 절감할 수 있다. 마루베니는 천연가스 발전 설비에 클라우드 기반의 IoT를 연결해 생산성을 향상하기 시작했다.[103] 가스 터빈이나 보일러 등의 설비에 센서를 달아 설비의 온도나 진동, 액체나 가스의 압력 수치 등 다양한 상태를 모니터링한다. 공장 시설이나 풍력 발전과 같이 지역적으로 먼 거리에 있는 IoT 장비들도 클라우드 플랫폼 내의 대시보드를 통해 실시간으로 공장 설비와 관련된 데이터를 수집하고 분석하여 원격으로 진단을 수행할 수 있다. 사람의 능력으로는 알아차리지 못할 정도의 미세한 성능 저하나 예상치 못한 설비 정지를 미연에 방지한다면, 생산성과 직결되어 비용도 줄고 수익이 개선되는 효과를 얻을 수 있다.

이처럼 이제 산업 현장에서 또 다른 역할을 해내는 IoT를 산업 사물인터넷IIoT, Industrial Internet of Things이라고 한다. 산업 사물인터넷은 제조업이나 에너지 분야에서 네트워크로 연결된 센서나 장비 등의 장치를 말한다. 이러한 장치들끼리 연결하여 공장이나 발전설비 상태의 데이터를 수집하고 분석하여, 생산성을 높인다.

기업 입장에서는 IoT 기술을 통해 다양한 빅데이터 분석과 모니터링, 그리고 AI 서비스를 결합하여 새로운 비즈니스를 구상하는 동력이 되기도 한다. 기업이 IoT를 이용하는 최종 목적은 기계학습을 통해 의미 있는 인사이트를 끄집어내, 실제 환경을 개선하는 것이다.

최근에는 중앙 클라우드 서버가 아닌 사용자의 현장 주변 Edge에서 바로 데이터를 처리하는 에지 컴퓨팅Edge Computing이 도입되고 있다. 에지 컴퓨팅은 중앙집중서버가 모든 데이터를 처리하는 클라우드 컴퓨팅과 다르게 분산된 소형 서버를 현장 근처에 두어 실시간으로 처리하는 것이다. IoT 기기가 확산되고 데이터 양이 폭증하면서 이를 처리하기 위해 개발된 기술이다. 그렇기 때문에 클라우드 서비스업체들도 모든 서비스를 소프트웨어로만 제공하지 않고, 기업 클라이언트의 데이터센터에 에지 컴퓨팅 장비를 직접 만들어 제공하기도 한다. 에지 컴퓨팅을 활용하면 현장에서 유의미한 데이터를 뽑아내고 신속한 의사결정을 내리기 더욱 수월해진다.

기계의 작은 결함도 놓치지 마라

—

기계가 고장날 것을 미리 예견하고 수리를 한다면 업무 효율이 얼마나 올라갈까. 전철의 경우, 전철 운행정보나 고장 기록, 정비 이력 정보 빅데이터를 IoT 기술을 바탕으로 실시간으로 수집하여 전철 바퀴의 마모 상태를 예측한다면 전철의 고장을 예방할 수 있지 않을까? 실제로 서울 지하철 2호선이 이런 시스템을 갖추고 운행되고 있다.[104]

무엇보다 소방 시설에 IoT를 활용한다면 화재를 예방하고 빠른 대처를 할 수 있을 것이다. 서울시는 관공서와 병원, 학교, 대형건물 등 717개의 소방 대상 건물에 실시간 소방시설관리 시스템을 구축하고, 초 단위로 정상동작 여부를 확인하고 있다. 이 시스템을 통해 관할 소방서와 해당 건축물 관리자는 스마트폰과 PC로 언제 어디서나 실시간으로 소방시설의 작동 상태를 확인할 수 있게 되었다. 소방시설 작동 상태 파악을 위해 센서 데이터를 빅데이터로 분석하고 고장이나 오작동 등의 원인을 사전에 파악해서 안전한 건물 관리를 제공하고 있다. 건물 소방시설이 꺼져 있거나 고장 나지는 않았는지 초 단위로 확인할 수도 있다.[105]

이처럼 설비나 제품의 이상을 미리 감지하고 정비하거나 조치해주는 것을 예지정비Predictive Maintenance라고 한다. 산업 현장에서는 핵심 설비나 장비가 갑자기 고장난다면 천문학적인 손해를 입을 수 있다. 자동차처럼 신차가 출시된 후 불량이 발견되어 고객의 불만이 나오게 되면 대규모 리콜 사태가 발생할 수도 있다. 이런 사고를 미연에 방지하기 위해 제조사와 부품사들은 예측분석 기술을 활용한 예지정비를 사용하기 시작했다.

예지정비는 가장 먼저 현장의 장비나 기계장치로부터 데이터를 수집하고 이 데이터를 분류한 후에 기계학습 등을 통해 유의미한 데이터를 얻게 된다. 이렇게 얻어진 데이터로 최종적으로 습득한 인텔리전스를 실제 운영 환경에 반영한다.

클라우드 플랫폼 안에서는 이 모든 과정이 하나의 파이프라인처럼 연결되어 있다. 설비나 제품에 부착한 센서로부터 데이터를 수집하고 처리하는 IoT 기술과, 데이터를 분류하는 빅데이터 기술, 분류된 데이터에서 인사이트를 얻기 위한 기계학습, 그리고 가상현실 장비들이 결합하면 새로운 예지정비 서비스의 무한한 확장이 가능해진다.

사고가 나는 것도 미리 안다

—

엘리베이터 제조사 티센크루프 Thyssenkrupp는 클라우드에 있는 여러 기술들을 총동원하여 예지정비를 실현하고 있다. 전 세계적으로 약 1,200만 대의 엘리베이터가 매일 70억 회 이상 운행되며, 10억 명 이상을 수송하고 있다. 엘리베이터의 고장으로 유지보수하는 시간 동안 고객이 이용하지 못하는 시간이 매년 총 1억 9천만 시간이다. [106]

IoT와 증강현실이 만나 현장의 부품 수리를 시뮬레이션한다.

티센크루프는 엘리베이터 고장을 최소화하기 위해 클라우드를 적극적으로 활용하기 시작했다. IoT를 이용하여 엘리베이터에 센서를 달아, 설비에서 전달된 데이터가 클라우드에 전송되면, 빅데이터 플랫폼으로 엘리베이터의 정보를 분석한 후 인사이트를 얻는 방식이다.

엘리베이터 부품에서 특정 메시지가 발생하면, 1~2주 후에 해당 부품에서 장애가 생기는 패턴을 발견할 수 있다. 이러한 특정 메시지를 알아채게 되면 장애가 발생하기 전에 현장 기술자가 부품을 교체하여 사고를 미연에 방지할 수 있다. 사람이 엘리베이터에 갇히기 전에 미리 고장 원인을 제거하는 것이다.

기술자들은 현장에 출동하기 전에 홀로렌즈Hololens라는 3D 증강현실 헤드셋을 쓴다. 기술자들은 3D 증강현실을 통해 미리 현장을 경험하며 시뮬레이션한다. 만약 현장으로 나간 기술자가 직접 해결하기 어려운 상황이면, 헤드셋의 카메라로 도움을 줄 수 있는 다른 기술자와 화면을 공유하면서 원격으로 수리할 수도 있다.

비행기 엔진 결함을 미리 찾아낸다

—

롤스로이스Rolls-Royce는 자동차 제조사로 많이 알려져 있지만, 세계 3대 비행기 엔진 제조사이기도 하다. 롤스로이스는 예지정비 시스템으로 제품 판매보다 유지·보수 서비스로 매출의 절반 이상을 벌어들이고 있는데, 항공사에 엔진을 판매한 뒤 지속적으로 엔진을 관리하고 보수해주는 토털 케어Total Care라는 서비스를 통해서다. 토털 케어는 항공사가 엔진 교체 시기 등을 관리할 필요가 없이, 엔진을 사용하는 시간만큼 롤스로이스에 일정한 비용을 지불하는 서비스다. 그 바탕에는 엔진 결함으로 인한 결항 및 지연으로 발생하는 막대한 비용을 줄이기 위해 클라우드를 활용한 예지정비 시스템이 있었다.

이를 위해 롤스로이스는 먼저 전 세계 500여 개 항공사의 1만 4천여 대의 엔진에 1대 당 수백 개의 센서를 부착했다. 이 센서를 통해 받은 데이터만 엔진 가동 6만 5천 시간 분량에 달한다. 롤스로이스는 진동, 압력, 온도, 속도 등의 운항 데이터를 실시간으로 모니터링하고 엔진의 상태를 분석 후에 장애 발생률이 높은 엔진을 사전에 점검하기 시작했다. 운행 중 센서에 약간의 변동이라도 생기게 되면, 도착지 공항에 미리 부품을 준비시켜 정비 시간을 최소화한 것이다. 이러한 예지정비로 연간 엔진 1대 당 3억 원의 비용 절감을 이루어냈다. 클라우드를 활용한 롤스로이스의 토털 케어 서비스는 가장 정교한 빅데이터 활용 사례 중 하나로 꼽힌다.[107]

전 세계 스타벅스 커피 맛이 똑같은 이유

—

스타벅스의 커피 맛은 세계 어느 매장을 가도 똑같다. 클라우드로 실시간 모니터링을 하여 전 세계 3만여 개 매장의 커피 맛을 동일하게 유지하고 있다. 스타벅스는 IoT를 이용해 전 세계 스타벅스 매장의 커피머신을 하나의 서비스로 연결하고 있기 때문이다. MS 애저의 IoT 솔루션인 애저 스피어Azure Sphere를 활용한 것이다. 애저 스피어는 관리 프로그램과 함께 손톱 만한 칩셋을 기존 커피머신에 부착만 하면 전 세계에 흩어져 있는 커피 기계의 수온과 압력, 물의 양, 원두의 종류, 추출 시간 등을 실시간으로 파악하고 기계의 미묘한 변화까지 감지하게 되면서, 전 세계 모든 매장의 커피 품질을 일정하게 유지하게 된다. 또한, 예전에는 새 커피 제조 레시피가 개발될 때마다 1년에 몇 번씩 USB 메모리 등을 현지에 직접 배송해 제조법을 업데이트했지만, 이제는 커피머신이 하나의 클라우드로 연결되면서 실시간 업데이트가 가능해졌다.[108]

그야말로 커피머신에 클라우드 기반 IoT를 연결하여 장비의 잠재적인 문제를 원격으로 측정하면서 유지보수 비용을 절감했다. 이로써 직원들이 고객들과 연결될 수 있는 시간을 늘려 고객만족도는 더 높일 수 있게 됐다.[109]

전 세계 스타벅스 커피머신에 장착하여 클라우드로 연결하는 칩셋

05

클라우드가 만든

비대면

오피스 혁명

비대면 시대를 준비하는 기업들

—

세계경제는 코로나19 바이러스의 확산으로 신음했다. 기업들의 업무도 '비대면 오피스 환경'으로 빠르게 변화하고 있다. NHN 의 클라우드 협업플랫폼 토스트 워크플레이스 두레이Toast workplace Dooray의 경우 화상회의 접속률이 코로나19 확산 이전과 비교해 25배나 증가했다는 것은 이를 뒷받침한다.[110]

　누구도 예측하지 못한 팬데믹 현상으로, 직접 만나지 않고 일하는 '비대면사회'로 빠르게 전환되고 있다. 이제는 이동 중 휴대폰으로 화상회의에 참여하는 것을 물론, 수십 명의 인원이 화상회의에 참여가 가능한 기능을 갖추고 있다.[111] 다양한 업무 협업 툴은 단순한 커뮤니케이션 도구를 넘어 협업의 핵심 서비스로 발전하고 있다. 모바일 빅데이터 분석기업 아이지에이웍스Igaworks에 따르면, 코로나19 사태로 줌과 스카이프Skype, 구글 미트Google Meet, MS 팀즈MS Teams, 시스코 웹엑스Cisco Webex 등 화상회의 어플을 쓰는 국내 사용자의 수가 급증했는데, 특히, 2019년 12월 31일

코로나19 이후 화상회의 어플 사용자가 급증했다

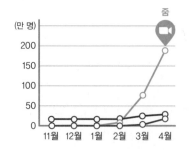

주요 화상회의 앱 사용자 현황 (안드로이드OS/웹 사용자 기준)	주요 화상회의 앱 총 설치기기 현황 (안드로이드OS/2020년 4월 30일 기준)		

주요 화상회의 앱 사용자 현황
(안드로이드OS/웹 사용자 기준)

주요 화상회의 앱 총 설치기기 현황
(안드로이드OS/2020년 4월 30일 기준)

순위	앱	총 설치기기
1	줌	2,073,276
2	스카이프	742,543
3	구글 미트	239,231
4	MS 팀즈	196,792
5	시스코 웹엑스	181,173

자료: igaworks

급격하게 사용자가 늘어난 화상회의 어플

일간 1,000만 명 수준의 화상회의 이용자 수가 2020년 3월 31일에는 2억만 명, 2022년 4월 21일에는 3억 명까지 폭발적으로 늘어났다.[112]

이처럼 갑작스럽게 회상회의 어플이 사용되면서, 각 회사마다 제공하는 어플의 최신 기술을 활용한 다양한 기능도 함께 주목받기 시작했다. MS의 음성·동영상 실시간 번역 서비스인 스카이프 트랜스레이터Skype Translator의 경우는 AI와 연결되어 동시통역까지 가능한 기능을 선보이기도 했다. 발표자가 중국어로 이야기하면 바로 영어 자막이 뜨거나, 회의 내용을 실시간 녹취·

녹화하는 레코딩 기능을 제공하기도 한다.[113] 또한 MS 팀즈는 사람이 많은 곳에서 화상회의를 할 경우 참석자 본인을 제외한 배경을 흐림 처리하는 기능도 있다. 향후에는 AI로 키보드나 반려견 짓는 소리 등 주변 소음을 줄여주는 기술도 도입할 예정이라고 한다.

이제 만나지 말고 일하자

—

2019년 가트너가 내놓은 보고서 〈Z세대: 어떻게 타고난 디지털 연결자들을 이끌 것인가 Gen Z: How to Lead These Natural Digital Connectors〉에 따르면 "진정한 의미에서 최초의 디지털 세대인 Z세대가 2025년에 이르면 디지털화된 능력을 최대로 뽐낼 수 있을 것"으로 예상했다. Z세대란 1990년대 중반에서 2000년대 초반에 걸쳐 태어난 세대를 말한다. '인터넷'과 '스마트폰'이 Z세대를 이해하는 중요한 키워드다. 즉, 이들은 어릴 때부터 디지털 환경에서 자란 '디지털 네이티브디지털 원주민'다. 인터넷과 IT에 친숙하고, TV나 컴퓨터보다 스마트폰에 익숙하며, 텍스트보다 이미지와 동영상 콘텐츠를 더 선호한다. 관심사를 공유하고 콘텐츠를 생산하는 데 익숙해 문화의 소비자이자 생산자 역할을 함께하기도 한다. 자신만의 공간 속에서 이야기하며 소통하는 것을 좋아하지만, 기다림과 지루함을 참지 못한다는 단점도 있다.

Z세대들은 이제 경제활동 구성원으로의 역할을 하기 시작했다. 특히 Z세대는 기업 입장에서 디지털사회의 소비자가 요구하는 것을 발빠르게 해결할 수 있는 인재가 될 수 있다. 가트너는 "디지털사회의 소비자 요구를 파악하기 위해서는 Z세대의 아이디어와 가치를 전략적으로 활용할 필요가 있다"고 했다.[114]

기업들은 이중에서도 업무환경의 변화를 꾀하기 시작했다. 가장 큰 변화는 '모바일 퍼스트Mobile First'다. 언제 어디서든 모든 업무가 모바일로 가능하도록 환경을 만드는 것이다. 업무에서도 스마트폰, 태블릿과 같은 기기들은 이제 커뮤니케이션이나 협업의 중요한 툴로 자리 잡고 있다. 또한 업무 공간을 자율적으로 하여 꼭 출근하지 않더라도 어디서든 일할 수 있는 환경을 만들고 있다. 이러한 업무 환경 변화의 중심에 클라우드가 자리 잡고 있다. 기업들은 시공간의 제약 없이 언제 어디서나 업무를 하고, AI와 같은 기술을 통해 효율적이고 신속하게 일을 처리할 수 있는 디지털 기술로 업무 환경을 바꿔나가고 있다.

기존의 기업들은 비용을 이야기할 때 TCO Total Cost of Ownership, 총소요비용와 ROI Return on Investment, 투자대비효과, 즉 기업이 비용을 얼마

를 투자하고 줄일 수 있는지가 중요한 기준이었다면, 지금은
TEITotal Economic Impact. 총경제적영향력, 즉 새로운 기술에 투자하지 않았
을 때의 기회비용이나, 투자했을 때의 기대비용과 유연성 확보를
더 중요하게 생각한다. TEI의 관점에서 볼
때, 스마트 워크 솔루션을 구축하는 데 클라우
드 서비스는 반드시 따라가야 하는 요소인 셈
이다.

> 스마트 워크 솔루션Smart Work Solution
> 자유롭게 출근하고 장소에 구애 받
> 지 않고 업무를 볼 수 있는 환경을
> 구축하는 것.

프로그램을 설치하지 않는 스마트 오피스 시대

—

이처럼 기업들은 업무 환경을 변화시키기 위해 인터넷만 연결되
어 있으면 언제 어디서든 작업할 수 있는 스마트 오피스 환경을
갖춰나가고 있다. 이는 기업의 규모와 상관없이 이루어지고 있는
변화이다. 이중 MS 오피스365와 구글 워크스페이스구지스위트G-Suite
는 가장 대표적인 스마트 오피스 툴이다. MS의 오피스 프로그
램, 즉 워드와 엑셀, 파워포인트Powerpoint 등은 이미 컴퓨터 사용
자라면 필수적인 도구가 되었고, 지메일G-mail과 일정관리, 드라이
브 등의 기능을 제공하는 구글 워크스페이스 역시 2020년 10월

기준 전 세계에서 월간 활성 사용자 Monthly Active Users 26억 명에 이를 만큼 대표적인 클라우드 기반의 오피스 협업 툴이 되었다.[115] 대한항공은 2018년부터 3년 간 ERP시스템을 클라우드로 전면 전환하는 과정에서 사내 업무 시스템을 구글 워크스페이스로 전환하기도 했다.[116]

이 서비스들로 PC나 태블릿, 모바일 등 디바이스에 상관없이 언제 어디서나 자유롭게 업무를 볼 수 있다. 업무용 이메일은 물론이고 일정, 연락처, 작업관리 툴을 통해 어디서나 작업이 가능하다. 또한 클라우드 기반의 기계학습 기술을 적용하여 지능형 메일 분류 및 보호 기능도 제공한다. 서로 만나지 않고도 메신저와 전화, 음성, 화상회의, 화면공유, 원격제어 등을 통해 언제 어디서나 원활한 커뮤니케이션을 할 수 있는 시대가 되었다.

이 서비스들의 특징은 더 이상 소프트웨어를 컴퓨터에 설치하지 않고 구독을 하여 이용한다는 데 있다. 프로그램 없이 인터넷에 로그인을 하여 문서를 작성하고 저장을 하고 공유한다. 클라우드를 기반으로 하기 때문에 가능한 기술인데, 클라우드가 이끈 것이 바로 이 '구독경제'다. 구독경제 Subscription Economy란 신문처럼 매달 구독료를 내고 필요한 물건이나 서비스를 받아쓰는 경제활동을 말한다. 넷플릭스의 성공이 구독경제를 가장 잘 말해주는 서비스다. 경제학자들은 구독경제의 확산을 효용이론 Utility Theory으

로 설명한다. 즉, 제한된 자원과 비용으로 최대한의 만족을 얻기 위한 노력의 결과라는 뜻이다.[117]

　구독경제는 특히 코로나19 이후 시장이 급속하게 커지는 모양새다. 기업을 중심으로 이용됐던 구독 경제가 개인 사용자들에게까지 확대되면서, IT 기업들도 고객의 범위를 넓히기 위해 발빠르게 움직이고 있다. MS는 2020년 4월, '마이크로소프트 오피스365'의 브랜드를 '마이크로소프트365 M365'로 변경했다. 브랜드명에서 '오피스'를 뺌으로써 오피스 환경뿐 아니라 가정을 비롯한 다양한 환경에서도 쓸 수 있는 서비스라는 것을 강조했다. 구글 역시 기업용 서비스 워크스페이스에 포함되었던 영상 회의 서비스 '구글 행아웃 미트 Google Hangout Meet'의 브랜드명을 '구글 미트 Google Meet'로 변경하여, '행아웃'이라는 이름이 주는 기업용 서비스의 이미지를 벗어나 사용 범위를 넓히려는 '리브랜딩 Rebranding' 전략을 세우고 있다. 어도비 Adobe 역시 주력 제품인 이미지 편집 프로그램 포토샵 Photoshop과 드로잉 페인팅 프로그램 프레스코 프리미엄 Fresco Premium을 묶어 구독 요금제를 출시했다.[118]

AI와 만난 클라우드 오피스

—

M365와 같은 클라우드 기반 오피스 제품들의 가장 큰 특징은 USB나 하드디스크보다 데이터를 더 안전하게 저장할 수 있다는 점이다. USB나 하드디스크에 물리적인 손상이 생기면 데이터를 잃을 수도 있지만, 클라우드 기반 제품들은 기본적으로 3개의 복제본이 저장된다. 그렇기 때문에 특정 하드디스크에 문제가 생겨 하나의 데이터에 접속이 안 되더라도 클라우드 서비스업체의 서버에서 안전하게 관리를 하고 있기 때문에 나머지 복제본을 이용하면 된다.

최근 오피스 제품들은 AI와 결합하고 있다. 한국어로 작성한 문서를 실시간 영어로 번역해준다거나, 발표자의 발표 데모를 보고 AI가 발음이나 문법에 맞지 않는 표현을 수정해주기도 한다. M365의 프레젠테이션 프로그램 파워포인트에서는 문서에 사진만 붙여넣으면 자체적으로 디자인 아이디어 기능을 통해 전문가 수준의 편집 화면을 제공해주는 지능형 편집 도구 기능까지 구현하고 있다.

특히, 원격회의를 진행할 때 발표자가 프레젠테이션을 해야 한다면, 프레젠테이션 화면을 원격회의 참석자들에게 실시간으로 공유하는 것도 가능하다. 파워포인트에서 프레젠테이션 자료의 URL을 자동으로 만들어주어, 참석자들에게 프레젠테이션 자료의 링크를 메신저나 이메일로 보낸다. 참석자들은 링크를 받아 클릭하면 웹브라우저를 통해 실시간으로 발표자가 프레젠테이션하는 화면을 볼 수 있다. SK텔레콤은, 2019년 M365를 사내 프로그램으로 사용하여 '디지털 워크플레이스' 환경을 구현하고 있다. 장소에 구애받지 않고 다양하게 협업할 수 있는 환경이 대기업을 중심으로 만들어지고 있다.[119]

06

먼저 찾아온 미래, 미래를 만든 기술

만지지 않고도 느껴지는 가상현실 세계

—

가상현실 역시 게임이나 놀이시설에 사용될 만큼 익숙한 기술 중 하나가 되었다. 가상현실은 컴퓨터로 만들어놓은 가상의 공간을 사람이 실제처럼 느끼게 하는 첨단 기술이다. 존재하지 않는 허구의 상황인 가상현실과 다르게, 증강현실은 현실 공간에 가상의 이미지를 겹쳐 보여주는 발전된 형태의 가상현실 기술이다.[120]

대형 놀이시설에서 헤드셋을 끼고 가상의 롤러코스터 체험을 실제처럼 경험하는 것이 대표적인 가상현실이라고 할 수 있다. 증강현실은 2016년 세계를 놀라게 한 모바일게임 포켓몬고

Pokémon Go가 대표적이다. 포켓몬 고는 게임이 실행된 스마트폰을 들고 걸어다니다 보면 화면 속에 가상의 포켓몬이 출몰한다. 사용자가 휴대폰 카메라로 해당 장소를 비추면 실제로 포켓몬을 볼 수 있고, 몬스터 볼을 던져서 잡을 수 있는 게임이다. 단지 화면 속에서 갇혀 게임을 하는 것이 아니라, 현실에서 포켓몬을 만날 수 있다는 설정을 가능하게 한 것이 증강현실 기술이다.

2019년 8월, 애플은 미국 특허청에 '손가락 장치'에 대한 특허출원을 했다. 애플이 출원한 이 특허는 가상의 공간에서 물체와 상호 작용할 수 있도록 손가락에 센서가 장착된 소형 컴퓨터 시스템이다. 손톱 크기의 이 센서를 손가락 끝에 장착하면, 힘 센서, 광학 센서, 그리고 초음파 센서를 통해 가상의 콘텐츠를 터치할 수 있다. 이 손가락 장치에는 진동을 통해 실제로 사물을 터치하는 것 같은 효과를 내는 '햅틱 피드백 Haptic Feedback' 기능이 들어 있다. 손가락 장치를 착용한 상태에서 허공에 가상의 다이얼을 돌려 홈팟 HomePod 스피커의 볼륨을 변경할 수도 있다. 이 기술은 또 사용자의 손끝에 닿는 표면을 가로질러 다른 기기에 명령을 지시할 수도 있다.[121]

이 기술이 활용되고 있는 곳은 국방 분야다. 미 육군은 MS의 증강현실 헤드셋 홀로렌즈 10만 대를 도입해 병사들에게 훈련이나 임무 수행 중에 필요한 환경 정보, 작전 개요, 핵심 목표,

주변 지형도 및 건물 구조 등의 각종 정보를 증강현실로 주고받을 수 있게 했다. 홀로렌즈는 헤드셋 안에 초소형 컴퓨터와 각종 센서 등이 내장되어 외부기기 연결 없이 독립적으로 작동하는 헤드셋이다. 인터넷 연결을 통해 데이터 송수신이 가능하다. 작전 중에 부상 당한 병사를 원격지 의료진의 안내에 따라 응급처치를 하거나 고장난 전차나 군용 장비를 원격지 전문가의 도움을 받아 현장에서 수리하는 것도 가능하다.[122] 작전지의 급박한 상황에서 증강현실과 가상현

미 육군 증강현실 업무수행 트레이닝 영상

증강현실 헤드셋으로 원격지 의료진 안내에 따라 응급처치하는 병사

실 장비는 작전 수행 능력과 생존력을 높이는 중요한 역할을 하고 있다.

의과대학의 실습 환경에도 변화가 생기고 있다. 가천대학교 의과대 '운동생리학' 강의에서 학생들은 가상현실 기기를 머리에 쓰고 수업을 한다. 기기 속 스크린에는 교수의 설명에 따라 심장과 폐, 간, 췌장 등 장기가 차례로 보여진다. 학생들은 증강현실 기술을 활용해 장기 구석구석을 확대하고 돌려보며 배우는 것이다. 이 대학은 전체 교원을 대상으로 시연 세미나와 증강현실과 가상현실을 활용한 교수법과 기기 활용법을 공유하기도 했다.[123]

동서울대학교는 코로나19로 인해 온라인 수업을 아예 가상현실 기반으로 진행했다. 드론창의융합 트랙의 정규 교과목 중 '드론 코딩' 과목을 가상현실 기반의 실시간 비대면 온라인 원격 수업으로 진행한 것이다. 이 수업은 가상 강의실에서 교수 1명과 학생 20명이 참여했다.[124]

운전대를 잡지 않고 운전하는 시대

—

전라북도 군산 선유도에는 국내 첫 관광용 자율주행버스가 고군산군도를 달리고 있다. 버스기사 없이 관광객만 태우고 일반도로를 운행하는 것이다. 이 버스는 최대 시속 25km로 한 번 충전하여 200km를 달릴 수 있다.[125] 자율주행차는 운전자가 핸들과 가속페달, 브레이크 등을 조작하지 않아도 지도와 위성항법시스

군산 선유도의 관광용 자율주행버스

181

템Global Positioning System, GPS 등 차량의 각종 센서로 상황을 파악해 스스로 목적지까지 찾아가는 자동차다.[126]

글로벌 회계. 컨설팅 업체 KPMG에 따르면, 전 세계 자율주행 시장은 매년 급격히 성장해 연평균 41%의 성장세를 보일 것으로 예측되고, 2025년 1549억 달러(약 175조 원)에서 2035년에는 1조 1,204억 달러(약 1,127조 원) 시장으로 성장할 전망이다. 국내 자율주행차 시장 또한 2025년 3조 6,139억 원에서 2035년 26조 1,794억 원에 달할 것으로 예측된다.[127]

성남시는 이미 자율주행차가 활성화될 것을 대비해 각종 인프라를 먼저 준비하고 있다. 시청에는 교통·자율주행 빅데이터 센터를 설치하여 AI 기반 자율주행 데이터를 생산하고 분석한다. 성남 지역에 CCTV 6,027대, 드론 6대 등으로 수집한 도로 교통 상황과 3cm 단위로 차량 위치를 파악하는 등 차세대 교통 빅데이터를 수집한다.[128]

중국은 훨씬 앞선 행보를 걷고 있다. 중국 최대 인터넷 포털 바이두Baidu는 최근 베이징시에서 승객을 태운 채 자율주행차를 운행할 수 있는 면허를 취득했다.[129] 바이두의 자율주행 누적 주행거리는 300만km에 이른다. 한국에서 진행된 모든 자율주행차 누적 주행거리 총합인 71만 6천km의 4배에 해당하는 거리다. 바이두는 중국에서 운전자의 개입 없이 작동하는 '레벨4' 수준의 자율주행차량을 300대 이상 운행하며 데이터를 축적하고 있다. 이처럼 클라우드 기반의 서비스를 바탕으로 여러 기술들이 결합되어 자율주행차에까지 큰 영향을 미치고 있다.[130]

AWS는 이 분야에서는 선두 기업이다. 자율주행차의 상용화는 모두 클라우드를 기반으로 하는데, AWS는 이미 클라우드 플랫폼에 자율주행차 소프트웨어를 개발해놓았다. 많은 스타트업과 기업들도 AWS의 클라우드 기반 자율주행차 서비스를 이용하여 모의 주행시험을 하고 있다.

딥레이서DeepRacer가 그런 경우다. AWS는 〈2018 리:인벤트 Re:Invent〉 자체 컨퍼런스에서 자체개발 자율주행자동차 모형인 '딥레이서'를 발표했다. 이 자율주행모형 자동차는 18:1 사이즈로 만들어졌는데, 딥레이서를 통해 자율주행 관련 기업들은 좀더 쉽게 자율주행 자동차 소프트웨어를 만들 수 있게 되었다.

그중 대표적인 것이 AWS의 세이지메이커SageMaker다. 세이지메이커는 개발자와 데이터 과학자들이 **강화학습**을 개발하거나 쉽고 빠르

> **자율주행 발전 단계** 미국자동차기술회 SAE, Society of Automotive Engineers가 정한 자율주행차 발전단계는 레벨 0에서 레벨 5까지 총 6단계로 나뉜다. 레벨 0은 운전자가 운전하고 자동차를 제어하는 단계, 레벨 1은 1개 이상의 자동제어기능을 갖춘 단계, 레벨 2는 2개 이상의 자동제어 기능을 갖춘 단계, 레벨 3은 대부분 운전 기능을 자동으로 수행하되 필요하면 운전자가 개입하는 단계, 레벨 4는 100% 자율주행하고 운전자는 목적지만 입력하는 단계다. 우버나 테슬라의 자율주행차 레벨은 3에 해당되며, 현재까지 상용화된 레벨 4~5의 자율주행차는 없다.

> **강화학습**Reinforcement Learning 기계학습의 한 영역으로 장기적 목표를 달성하기 위해 라벨링된 교육 데이터 없이도 복잡한 환경에서 의사 결정을 최적화할 수 있는 강력한 유형의 딥 러닝이다.

게 훈련할 수 있도록 돕는 프로그램이다. 딥레이서와 같은 자율
주행차가 트랙을 달리기 위해서는 트랙의 갖가지 정보를 파악하
여 기계학습 과정을 거쳐야 하는데 여기에서 발생하는 복잡하고
부담스러운 작업을 제거해 쉽게 개발할 수 있도록 한 것이 세이
지메이커다. 개발자들은 세이지메이커를 통해 GPS, 카메라 등
이 달린 딥레이서로 모의 트랙에서 실험하며, 장애물을 인식하
거나 돌발 상황에 대한 대처 등 각종 자율주행 데이터를 사전에
분석하고, 이 데이터를 클라우드와 연결해 AI로 학습을 시킨다.
자율주행차를 개발하려는 스타트업들에게는 AWS 딥레이서가
자율주행차와 관련된 사업을 하기 위한 좋은 테스터가 될 수 있
다.[131]

또한 AWS는 딥레이서 출시와 함께 2019년부터 자율주행
레이싱 리그인 AWS 딥레이서 리그AWS DeepRacer League를 개최했다.
행사 전, 아마존닷컴에서 정가 399달러에 딥레이서를 판매하여
최초 구매자들이 리그에 참여하도록 홍보한 것이다. 이 행사에
참여한 수천여 명의 개발자들은 세이지메이커를 통해 딥레이서
를 강화학습하는 방법을 배우며, 본인들의 강화학습 모델을 테스
트하기도 했다.

세이지메이커는 자율주행차의 강화학습뿐만 아니라, 독일
프로축구 분데스리가Bundesliga 선수들의 위치를 분석해, 시청자들

에게 축구 관람의 새로운 볼거리를 제공하고 있다. 방송사에서 '기대득점xGoals'이라는 통계를 시청자한테 제공하는 것인데, 기대득점은 선수가 슈팅할 때마다 득점으로 연결될 확률을 실시간으로 알려주는 서비스다. 이 분석 역할을 세이지메이커가 담당했다. 세이지메이커는 정확한 기대득점을 산출하기 위해 경기장을 누비는 선수 위치를 추적한 데이터를 실시간으로 분석하고, 골대와의 거리, 슈팅 각도, 선수의 속도, 슈팅 시 수비수의 수, 골키퍼의 수비 범위 등의 포지션 데이터를 포함해 4만 건의 이전 슈

AWS의 자율주행차 딥레이서

팅 기록을 분석하는 방식으로 강화학습 모델을 훈련했다.[132]

한편, 운전자 없이 완전 자율주행이 가능한 자율주행차를 상용화하기 위해서는 정부 규제나 보행자의 행동, 윤리적인 측면 등 여러 가지가 반영되어야 한다. 기술적으로도 완벽한 의사결정이 필요하다. 영국 반도체 설계회사 ARM의 딥티 바차니Dipti Vachani 오토모티브·IoT사업부 수석 부사장은 "자율주행차는 수많은 센서로부터 들어오는 데이터뿐 아니라 5G 이동통신을 통해 외부로부터 들어오는 데이터까지 인지하는 등, 다차원적으로 처리해 의사결정을 해야 하는데 이 역할을 하는 프로세서가 아직 미흡하다"고 말했다.[133]

그러나 자율주행차는 빠른 시간 안에 성장해 운전자 없이 완전 자율주행이 가능한 수준에 도달할 것으로 보인다. 전기자동차로 유명한 테슬라Tesla는 차량운행을 하는 데 발생하는 모든 데이터를 클라우드로 직접 전송하고 있다. 실제로, 과거 엔진 과열 문제가 있다는 사실이 클라우드에 전송된 후, 테슬라는 이 데이터를 검토해 소프트웨어 패치를 배포해 자동 수리를 진행한 바 있다.[134]

1시간에 피자 300판 만드는 로봇

—

미국 프로야구팀 시애틀 매리너스Seattle Mariners의 홈구장인 T-
모바일파크T-Mobile Park에서는 스타트업 피크닉picnic의 피자로봇이
2~3인분 12인치 피자 300판을 1시간 안에 만들어 관중들에게
판매하고 있다.[135] 피자 로봇은 단순히 미래지향적 콘셉트를 보여
주는 것이 아니라 맞춤생산과 클라우드 기반의 데이터 분석을 통

바리스타 로봇은 1시간에 아메리카노 120잔까지 만든다

해 실제 우리 삶 가장 가까운 주방에 큰 영향을 미치고 있다.

달콤커피dal.komm COFFEE에서 운영하고 있는 로봇카페 '비트b:eat'는 이미 100호점(2021년 7월 기준)을 오픈했다. 이 서비스는 클라우드 기반의 핸드드립 바리스타 로봇으로, 50가지의 음료를 만들 수 있다. 아메리카노만 만들 경우, 1시간에 최대 120잔까지 만든다. 주문은 스마트폰 어플로도 가능하고, 음성으로도 가능하다. 클라우드의 빅데이터 분석을 통해 고객에게 원두의 종류나, 커피 농도, 시럽 선택 등을 맞춤화해서 제안해줄 수도 있다.[136]

LG전자는 아예 로봇이 운영하는 레스토랑 플랫폼 'LG 클로이 다이닝 솔루션LG Cloi Dining Solution'을 개발했다. 레스토랑에 손님이 들어오면 안내로봇이 예약을 확인하고 자리까지 직접 안내한다. 테이블에 앉으면 테이블 로봇에게 주문을 하고, 결제는 모바일 결제서비스인 LG페이로 한다. 손님의 주문을 받으면 주방에서는 셰프봇이 요리를 만든다. 셰프봇에게는 실제 요리사처럼 움직일 수 있도록 소프트웨어로 구현한 모션제어Motion Control 기술과 다양한 형태의 그릇과 조리기구를 잡아 떨어뜨리지 않고 안전하게 사용할 수 있도록 하는 스마트 툴 체인저Smart Tool Changer 기술 등이 적용되어 있다. 주문한 요리가 나오면 서빙봇이 손님의 테이블까지 안전하게 전달한다. 서빙봇은 지능형 자율주행 기능으로 고객의 테이블까지 최적의 경로를 판단할 뿐 아니라 한 번에 여러 테이블에 음식을 운반할 수 있다. 식사를 마친 손님의 빈 그릇은 직원들이 퇴식로봇에 올리면 된다. 퇴식로봇에게는 서빙로봇과 마찬가지로 지능형 자율주행 기능이 탑재되어 있다. 세척봇은 식기의 형태에 적합하게 초벌 세척을 마친 뒤 식기세척기에 넣어주는 역할을 한다.

또한 클라우드 기반 데이터 솔루션을 활용하면 로봇이 재방문하는 '단골손님'을 인식하고 손님이 선호하는 메뉴나 좌석을 안내할 수 있다.[137]

클라우드 플랫폼에는 클라이언트 기업이 로봇을 개발할 수 있도록 돕는 지능형 로봇 빌드 서비스가 있다. 기업 역시 로봇을 개발하기 전에 클라우드에서 먼저 소프트웨어적으로 원하는 로봇을 개발하여 시뮬레이션해보는 것이다. 기업이 원하는 로봇의 기능들을 클라우드에서 가져와 그 기능으로 하드웨어를 만들어 로봇으로 구동하며 로봇에게 음성으로 명령하면 명령대로 로봇이 움직이는지 테스트를 할 수 있다. 로그 수집, 이미지인식 처리 등 여러 테스트를 하는 것이다. 기업이 비즈니스 모델 개발단계에서 클라우드 플랫폼을 이용하는 것은 비용절감의 가장 좋은 방법이 되고 있다.

인공위성까지 빌려주는 클라우드

—

이제는 인공위성까지 클라우드에서 빌릴 수 있는 시대다. 인공위성이 보내오는 정보는 기업이나 대학, 정부 등에서 날씨예보나 지도, 통신 등 다양한 용도로 사용되고 있다. 실제로 AWS에는 위성 데이터에 손쉽게 접속할 수 있는 그라운드 스테이션 Ground Station이라는 클라우드 서비스가 있다.

기업 입장에서 인공위성을 사용하려면 위성과 통신할 수 있는 지상국을 구축하거나 임대를 해야 한다. 클라우드를 이용하면 인공위성에서 들어오는 데이터를 지구에서 수신하는 기지국을 만들 필요 없이, 클라우드 서비스를 통해 수집할 수 있다. 인공위성의 데이터 수집, 관리, 빅데이터 AI 서비스를 통해 분석하는 것까지 클라우드 서비스업체에서 제공하기 때문에 지상국 운영 비용을 80%까지 절감할 수 있게 된다.

차세대 미래 먹거리로 주목받고 있는 우주항공산업의 진입 장벽이 낮아지고 있다. 지구 이미지와 위성 데이터를 분석하는 기업 디지털글로브 DigitalGlobe는 AWS의 그라운드 스테이션을 통해 하루 80테라바이트에 가까운 위성 정보 데이터를 자사의 지도데이터와 결합하여 자율주행차가 폭설이나 폭우로 센서가 제대로 작동하지 않는 경우에도 안전주행을 할 수 있는 GPS 시스템을 개발하고 있다.

공공적 측면에서 활용을 한다면, 망명 난민의 동선을 파악해 구조하거나, 지진이나 산불 등의 재해에도 신속한 진압이 가능하다. 실제로 미국 FBI 대테러부서에서는 AWS의 위성데이터 수집을 통해, 2017년 라스베이거스 총기 사건 때 페타바이트급 정보를 수집하여 하루 만에 동영상에서 어떤 사람이 범죄에 관여했는지 확인할 수 있었다.[138]

07

AI 위에 펼쳐질

초거대 AI 시대

AI 서비스에 투자하는 클라우드 업체

—

이제는 클라우드 안에서 AI 서비스도 사용할 수 있다. 2021년 4월, MS는 애플의 음성 인식 서비스를 만든 뉘앙스_Nuance를 부채까지 포함한 금액인 22조 원에 인수했다. 여러 산업에서 AI이 굉장히 중요해졌고, 가장 큰 핵심 기술 중 하나가 음성인식이기 때문이다. MS는 뉘앙스를 클라우드에 적용하기 위해 장기적 관점에서 접근하여 엄청난 금액을 투자하여 인수한 것이다.[139]

클라우드 업체는 왜 많은 돈을 들여 AI 서비스에 투자할까? 답은 향후 AI 서비스가 어떻게 변화하는지를 보면 알 수 있다.

기존의 AI 서비스들은 개별 기능에 한하여 특정해 작용되었다. 데이터 이미지 처리, 음성 처리, 문자 인식 처리 등 각각의 기능들이 특화되어 발전했다. 그러나 앞으로의 AI 서비스는 초거대 hyperscale AI로 개발된다. 시각데이터, 문자데이터, 음성데이터를 모두 하나로 인식하는 것이다. AI가 사람처럼 한 공간에서 동시에 모든 것을 인식하게 된다. 이것을 초거대 AI라고 부른다.

(단위: 억 개)

오픈AI(2020년 5월)	1750
구글(2021년 1월)	1조6000
화웨이(5월)	2070
네이버(5월)	2040
BAAI(6월)	1조7500
MS · 엔비디아(10월)	5300
딥마인드(12월)	2800
LG(12월)	3000
카카오(비공개 모델)*	6000

＊카카오: 12월 공개 모델은 300억개 ＊＊( )는 공개시점 날짜
자료: 각 사 자료 및 외신 취합

글로벌 초거대 AI 개발 경쟁은 치열하다

초거대 AI는 학습하는 데이터의 양도 기하급수적으로 늘어난다. 예를 들어 초거대 AI에게 코딩을 학습시킨다고 가정해보자. AI이 코딩에 관련된 책들을 학습하면 AI는 코딩 프로그램을 만들 수 있게 된다. 사람 수준의 데이터를 학습하고 처리할 수 있는 형태가 된다.

AI의 궁극적인 목적은 사람처럼 생각하는 것이다. 초거대 AI는 훗날 맥락을 이해하고, 그 맥락에 맞게 반응하는 형태까지 발전할 것이다. 문맥을 이해하고, 감정을 분석한 후에 대응하는 것까지 가능해질 예정이다.

언어의 경계가 없어지는 시대

—

최근 메타버스가 화두로 올라서고 있다. 메타버스는 아바타의 무대라고 해도 과언이 아니다. 그렇다면 아바타가 우리에게 시사하는 바는 무엇일까? 바로 언어의 경계가 없어지는 것이다. 현재 페이스북은 텍스트 위주의 플랫폼을 가지고 있다. 이곳에는 이미지와 영상을 업로드할 수 있고 평면적인 2D 시스템으로 만들어졌다. 반면 메타버스는 3D로 만들어진 가상 세계로 전 세계 다양한 사람들이 몰려오는 곳이다.

　MS를 포함한 대부분의 글로벌 기업들이 언어를 처리하는 음성 인식 서비스에 많은 돈을 투자하는 이유가 여기에 있다. 결국 메타버스 안에서 언어의 장벽을 없애기 위해 음성 인식 서비스를 더 개발시키는 것이다. 현재 MS 팀즈는 통역 없이도 글로벌 미팅이 가능한 상태까지 발전했다.[140]

　다양한 나라의 사람들이 미팅에 들어와 이야기하는 다양한 언어는 내가 설정한 언어로 번역되어 실시간으로 아바타 아래 보인다. 혹은 실시간으로 통역되어서 대화하게 될 것이다.[141]

MS의 매시용 팀즈는 통역 없이 글로벌 미팅이 가능하다

LG전자는 스스로 학습하는 상위 1% 전문가 수준의 초거대 AI 엑사원EXAONE을 공개했다. 가전제품도 음성으로 제어하는 시대로 넘어가기 때문이다. 이럴 경우 한국사람 뿐만 아니라 전 세계 어떤 언어를 가진 사람이 이야기해도 정확하게 알아들어야 한다. IoT가 결국 AI와 만나고, 사람의 다양한 언어를 이해할 수 있도록 변화한다. 또한 초거대 AI는 소수민족의 언어까지도 데이터를 주면 스스로 학습하여 그 언어를 이해하고 사용할 수 있는 형태가 만들어지기에 전 세계의 언어를 인식할 수 있을 것이다.

맥락까지 파악하는 초거대 AI

—

네이버의 AI 서비스 하이퍼클로버HyperCLOVA 역시 발전 속도를 높이고 있다. 말로 검색하고 쇼핑이 가능하도록 만들기 위해서는 지금보다 더 정교하고 정확한 서비스가 필요하다.[142]

네이버 블로그, 지식iN, 뉴스 등 수천만 명이 생산해낸 한국어 데이터를 기반으로 다양한 표현들을 스스로 학습하고, 적용해 나갈 수 있는 것이다. 하이퍼클로버는 소상공인들을 위한 솔루션도 개발 중이다. 브랜드 이름과 제품의 키워드, 장점들을 입력하면 AI가 마케팅 문구를 만들고 제품에 대한 소개를 써주는 것까지 가능하다. 뿐만 아니라 성우 목소리도 AI로 구현 가능하며, 질문에 대한 답변은 물론 학습자 난이도에 맞춰 쉬운 설명까지 가능하다.

놀랍게도 여기서 끝이 아니다. 문장의 맥락과 중요한 키워드를 사람처럼 파악이 가능해진다는 것이다. 예를 들어 AI이 CS 응대 전화를 받았을 때 고객님이 어떤 상황에서 이런 이야기를 했는지, 지금 화가 난 상태인지, 왜 이런 반응을 보이는지까지 이해할 수 있다. 다양한 AI 서비스로 평소 생각해보지 못했던 새로운 일상을 선물해줄 것이다.

언어(LANGUAGE)
문맥 이해, 감정 분석
번역 및 통역

시각(Vision)
사진, 동영상을 통한
실시간 상황 파악,
이미지 정보를
문자로 변환

음성(SPEECH)
음성 합성(Text to Speech)
음성 인식(Speech to Text)

지식(Knowledge)
Q&A 서비스
봇 학습(Bot Training)

초거대 AI는 상대 감정을 파악해 대응할 수 있다

이러한 투자가치 때문에 우리나라 정부도 향후 3,000억 원을 투자하여 R&D를 진행하여 K-AI를 만들겠다고 발표했다.[143] 그리고 2025년까지 모든 공공기관의 모든 IT 시스템을 클라우드로 옮기겠다고 했다.[144]

CLC

클라우드를
기반으로 한
메타버스

Part 05

메타버스도 클라우드에서

—

메타버스는 가상, 초월을 의미하는 메타Meta와 현실세계를 의미하는 유니버스Universe의 합성어다. 현실세계와 사회, 경제, 문화적 활동이 아바타를 통해 가능한 것이 메타버스다. 가상과 현실이 연결되는 초연결사회가 메타버스를 통해 이뤄지는 것이다.

2021년 12월, 한때 대한민국을 강타했던 싸이월드가 메타버스로 재오픈되었다. 기존에 만들었던 아바타와 미니홈피를 가상현실 공간에서 만날 수 있다. 또, 그 당시 해상도가 떨어지는 사진들은 AI 서비스를 통해 자동 변환되어 고해상도로 볼 수 있게

싸이월드가 메타버스로 재오픈되었다.

된다.

코로나19로 인해 메타버스 발전에 속도가 붙은 것은 사실이다. 하지만 과연 이전에는 메타버스와 관련된 서비스가 없었을까? 메타버스의 전신이라고 말할 수 있는 세컨드 라이프Second Life가 있다. 2000년대 초반에 뉴욕에서 만들어진 서비스로 싸이월드와 비슷한 형태를 지니고 있다.[145]

그렇다면 왜 성공하지 못했을까? 세컨드 라이프가 초기 서비스되었을 때, 맵, 즉 공간은 크지만 분산되어 있었기 때문에 커뮤니케이션이 원활하지 못했다. 또한 사용방법이 초보자에게는 어려웠기 때문에 로그인 후 무엇을 해야 할지 모르는 경우가 많았다.

전 세계에서 모여든 다양한 사람들이 하나의 3차원 공간으로 들어와야 하고, 그 데이터를 빠르게 처리하는 것이 쉽지 않았다. 그렇기 때문에 컴퓨터의 사양이 좋아야 하고, 가장 중요한 것은 인터넷 속도가 빨라야 한다. 세컨드 라이프의 서비스가 시작됐을 당시는 인터넷 속도가 현재보다 많이 느렸기 때문에 활성화되지 못하고 사라질 수밖에 없었던 것이다.

현재 메타버스가 실행 가능한 이유는 5G 네트워크가 가능하기 때문이다. 물론 인프라는 더 늘어나고 확대되어야 하겠지만 3D 데이터를 처리할 수 있는 인프라가 준비된 것이다. 모바일이 처음 나왔을 때를 떠올리면 된다. 모바일이 폭발적으로 성장한 핵심 기술 중 하나는 LTE의 발전이다. 3G 환경에서는 답답했던 모바일 시스템이 LTE가 실행되면서부터 기하급수적으로 성장했다. 한 산업은 인프라의 구축과 맞아 떨어져야 성장이 가능하다. 메타버스 역시 5G의 성공 없이는 빠르게 발전하지 못했을 것이다.

무궁무진한 발전 가능성을 가진 메타버스

—

세컨드 라이프에는 사이버머니가 존재했다. 싸이월드에도 '도토리'라는 사이버머니가 있다. 도토리로 BGM이나 아바타를 구입하고, 미니홈피를 꾸미는 데 사용할 수 있다. 그러나 2000년대 초반에는 사이버머니를 디지털 자산으로 인정할 수 있는 기반과 안정적으로 저장할 수 있는 수단이 없었다. 2009년에 비트코인이 나온 이후, 이더리움과 같은 블록체인 기술을 이용한 NFT를 통해 희소성을 기술적으로 구현할 수 있게 되었고, 디지털 자산

NIA은 메타버스 플랫폼 '게더타운' 정보접근센터 정기회의를 개최했다.

으로 인정받을 수 있게 되었다.

메타버스의 시장 규모는 우리가 상상하는 것 이상으로 크다. 클라우드에는 일부 AI 블록체인 기술들이 들어 있긴 하지만 단순히 인프라 기반의 기술을 사용하게 한다. 그러나 메타버스에서는 교육, 전자상거래, 부동산 등 사회, 문화, 경제 활동이 모두 이루어진다. 우리 정부도 세계적 트렌드로 떠오른 메타버스의 경제적 가치가 315조 원이라고 가정했다. 또한 이 기회를 놓치지 않기 위해 기획재정부, 문화체육관광부, 과학기술정보통신부가 힘을 모아 '메타버스 TF'를 꾸려 구체적인 발전전략을 논의하기 시작했다. K-POP을 비롯한 K-콘텐츠와 ICT 경쟁력에서 시너지를 낼 수 있을 것이라 예상한다.

또한 한국정보사회진흥원NIA은 줌을 대체하여 많이 사용하고 있는 게더 타운Gather town을 활용한 가상공간에서 정보접근센터IAC 정기 회의를 2021년 6월 30일에 개최했다. 이 회의에는 아시아, 독립국가연합CIS, 중남미, 아프리카 등 전 세계 21개국 27명의 현지 운영자가 동시에 참여했다.[146] 줌은 한 화면에 모든 사람이 들어와 있기 때문에 메타버스 플랫폼으로서의 한계가 있다. 게더 타운은 다른 아바타가 내 아바타 가까이로 오면 상대방의 카메라가 켜지고, 멀어지면 꺼진다. 이렇게 아바타를 기반으로 활성화되기 때문에 게더 타운은 몰입감이 높다. 한 공간 안에서 부스 전시와 해설도 가능하며, 여러 테이블을 열어두고 아바타가 옮겨 다니며 회의에 참여하는 것도 가능하다.

메타버스 안에서 쇼핑몰을 세팅하고 물건을 판매하는 상거래 역시 활발하게 일어나고 있다. 가상공간 안에서 내 아바타를 사용해 미리 입어보고, 사용해보고 실제 물건을 구입하는 것이 가능하기 때문에 현재 웹브라우저와 모바일 앱으로 운영되는 대부분의 상거래는 메타버스로 옮겨질 것이다. 현재 우리가 매일 사용하는 모바일 화면과 PC 화면은 2D 시스템이지만 메타버스는 3D 시스템이기 때문에 전혀 다른 세상이 열릴 것이다.

이런 의미로 모바일 시대까지의 핵심 디바이스는 스마트폰이지만, 다음 시대의 핵심 디바이스는 아마도 증강 현실 혹은 가상 현실 디바이스가 될 가능성이 높다. 영화 〈아이언맨〉에서 주인공이 썼던 안경을 이제 우리가 쓰게 되는 것이다. 실제로 스마트 글래스를 개발 중인 회사들이 많다. 3D 시스템을 사용하는 메타버스는 증강현실과 만나는 지점이 생길 수밖에 없기 때문이다.

MS의 팀즈 역시 메타버스로의 변화를 시도했다. 지금까지는 2D로 업무 협업만 가능했다면 이제는 3D 화면에서 아바타가 움직이며 전자칠판을 사용하고 입체적인 회의를 할 수 있다. 팀즈 안에서 아바타로 탁구 등 체육 활동도 가능하다. PPT 역시 입체적으로 만들 수 있게 된다.

다양한 나라의 사람들이 회의에 들어와 서로 다른 언어로 이야기할 경우 AI를 통해 자동 번역되어 실시간 번역된 내용이 상대방 아바타 위에 말풍선으로 달리게 된다. 이러한 기술 발전과 트렌드로 인해 클라우드는 초거대 AI 시스템과 함께 성장할 수밖에 없다. 업무환경이 이렇게 바뀌어도 MZ세대들은 어릴 때부터 변화와 함께 성장했기에 누가 가르쳐 주지 않아도 게임하듯이 툴을 익히고 배울 수 있다.

메타버스와 토큰 이코노미, 그리고 블록체인

—

메타버스 산업이 발전하면서 블록체인과 NFT가 각광 받고 있다. 이 부분을 설명하기 위해서는 먼저 토큰 이코노미token economy에 대한 이해가 필요하다. 토큰 이코노미는 2017년 10월 파블로 모레노가 정의한 개념으로, 토큰과 실물 경제 시스템 사이에 규칙을 설계하는 것이 핵심이다. 게임이론과 인센티브 시스템에 기반을 두고 있으며, 사용자(고객), 공급자, 토큰 후원자 등 모든 토큰 참여자들이 사용하는 것을 기본으로 한다. 토큰 생태계 참여자 모두 참여도에 따라 적절한 보상이 돌아가는 경제구조를 말한다. 기존 자본주의에서는 일부 주주가 자본을 투자하고 소비자에게 제품과 서비스를 판매하여 수익을 주주가 배당받았다. 그러나 토큰 이코노미에서는 누구나 주주가 될 수 있고 함께 토큰 생태계에 참여해 수익을 공유하게 된다.

블록체인 기술이 가지고 있는 가장 큰 장점은 데이터가 탈중앙화되어 쉽게 조작할 수 없다는 점이다. 바로 이 점이 메타버스와 만나 가장 큰 장점으로 부상하게 된다. 메타버스에서 만들어지는 많은 디지털 자산들이 해킹에 의해서 쉽게 복제될 수 없도록 하기 때문이다. 예를 들어, 가상 부동산 플랫폼인 디센트럴랜드Decentraland에서 가상의 땅을 샀을 경우, 누군가 해킹해서 같은 땅을 복제할 경우 투자한 자산의 가치는 사라지게 된다. 이러한 문제점을 원천적으로 막아줄 수 있는 것이 블록체인 기술이다.

앞서 언급했던 토큰 이코노미의 활성화를 위해서도 블록체인 기술이 필요하다. 현재 대부분의 비즈니스 플랫폼은 블록체인 기술을 기반으로 한다. 플랫폼을 가지고 있는 사람들이 대부분의 수익을 얻고, 이득을 취했던 반면에 이 구조를 탈출하고 싶은 것이 블록체인이기 때문이다. 특정 인원이 많은 양의 부를 독점하지 못하게 하기 위해 반대급부로 만들어진 것이 비트코인이다. 구글이나 페이스북을 예로 들어보자. 구글의 검색 시스템을 사용할 때 나오는 광고비는 구글의 비즈니스 모델 중 하나다. 페이스북의 모든 콘텐츠 역시 유저들이 만드는 것임에도 불구하고 광고 수익은 페이스북이 모두 가져간다. 토큰 이코노미는 이 모든 과정에 참여한 사람들이 수익을 가질 수 있도록 바꾼 구조다. 어떤 시스템 내에서 유저들이 하는 행위, 모든 가치에 대해 공평하게 참여도에 따라 보상을 해주는 것이다.

최근에는 토큰 이코노미를 적용한 게임도 적지 않게 출시되고 있다. 이전에는 유저들이 돈을 주고 게임을 하고, 아이템을 구매했으며, 게임사들이 모든 수익을 챙겼다. 탈중앙화가 된 블록체인 게임 같은 경우, 유저가 게임을 플레이할 때마다 포인트가 쌓이고, 그 포인트를 현금화할 수 있다. 게임을 하면서 돈을 버는 P2E Play to Earn라는 새로운 장르가 등장한 것인데, 획득한 아이템이나 게임 머니가 블록체인 생태계에서 자산으로 활용되는, 즉 현금화되는 것이다. 대표적인 게임으로는 2021년 전 세계적으로 인기를 끈 엑시인피니티 등이 이에 속한다. 물론 게임의 재미가 아닌 현금화에 집중하는 현상이 나타나면서 엑시인피니티는 최근 위기를 맞고 있기에 게임의 본질적 가치를 어떻게 제공할지 업계 스스로 고민해야 할 부분이라고 본다. 참고로 국내에서는 P2E 게임은 사행성이 있다고 판단되어 허가가 되지 않고 있다.

메타버스와 NFT의 필연적 만남

—

토큰 이코노미가 메타버스 안에서 정확하게 처리되려면 투명하게 측정이 가능해야 하고, 정확한 보상을 해줄 수 있는 시스템이 필요하다. 메타버스 내에서 현실세계와 같은 엔터테인먼트, 유통, 교육, 금융 나아기 의료 서비스들이 이뤄질 것으로 보기 때문에 지금은 그 경제 규모가 작지만[147] 2030년경에는 약 1,700조 원의 규모로 커지게 될 것으로 기대된다. 이 거대한 메타버스 경제 구조는 신뢰를 바탕으로 한 튼튼한 시스템이 필요하고, 이를 블록체인이 담당한다. 메타버스 안에서 만들어지는 재화, 자산에 대해 복제할 수 없고, 해킹할 수 없도록 원천적으로 제공하는 기술이 블록체인이기 때문이다.

메타버스의 중요 키워드 중 또 다른 하나로 희소성을 뽑을 수 있다. 이 희소성을 증명해줄 수 있는 것이 바로 NFTNon-Fungible Token다. 메타버스와 블록체인이 만난 대표적인 케이스로는 디센트럴랜드와 샌드박스를 예로 들 수 있다. 디센트럴랜드는 가상공간으로 블록체인 기반으로 제공된다. 복제가 되지 않는 것이 가장 큰 특징이며, 가상의 자산과 디지털 콘텐츠, NFT 형태의 콘텐츠들로 내 공간을 만들어 저장하고 전시할 수 있다. 하나의 예

디센트럴랜드 내 소더비 경매장의 모습

로, 영국 경매회사 소더비는 2021년 6월 디센트럴랜드에 가상 전시장인 '소더비 갤러리'를 오픈했다.[148]

이처럼 디지털 자산 시장과 디지털 지적 재산권 시장이 엄청 난 속도로 성장하고 있다. 디지털 콘텐츠들은 복제가 쉽기 때문 에 원본을 증명하는 것이 중요하다. 이미 최근 한 스타트업은 이 런 디지털 자산을 관리해주는 비즈니스 모델을 가지고 600억 원 을 투자유치에 성공했다.

이미 메타버스로 유명한 로블록스Roblox는 로블록스 이코노미 라는 말이 있을 만큼 토큰 이코노미가 활성화되어 있다. 로블록 스는 미국에서 만든 메타버스 기반의 게임 플랫폼으로, 다른 사람들이 만든 게임을 즐기거나 직접 만들어 게임을 할 수 있도록 되어 있다. 로블록스 안에는 수천만 개의 게임이 존재하는데, 사용자가 직접 게임을 만들어서 로블록스에 올리면 블록체인 기반으로 자신이 만든 콘텐츠에 대한 정당한 대가를 받게 된다. 즉, 크리에이터 중심의 이코노미로 변화한 것이다.

메타버스 내에서 사용하는 많은 디지털 자산을 거래하는 가장 큰 마켓 플레이스는 오픈씨Open Sea다. 이곳에서 디지털 가상 땅과 부동산, 의상, 음원, 미술품, 콜렉션 등 다양한 아이템들이 NFT로 설정되어 거래된다. 이렇게 가상으로 구매한 상품들은 구매자가 지적재산권이 아닌 소유권을 가지게 된다. 그렇기 때문에 2차 가공하여 재판매할 수는 없지만 소유권은 판매할 수 있다.

메타버스와 5G, 그리고 3D 시스템의 발전

—

이러한 메타버스가 더 원활하게 보급화되려면 지금보다 더 나은 5G 시스템이 구축되어야 한다. AI 서비스도 발전해야 한다. 메타버스는 모든 것이 3D, 360도로 랜더링되어 돌아가기 때문이다. 이것들을 실감나게 그래픽 처리할 수 있는 기술이 발전해야 한다. 이와 함께 증강현실과 VR 기기도 발전할 것이다. 전 세계 사람들이 MS의 팀즈로 3D 화상회의를 한다고 가정해보자. 데이터의 양이 폭발하고, 현재의 5G 시스템이 감당 못할 확률이 높다. 인프라가 확장되고 기본 성능이 받쳐주기 시작할 때 메타버스의 보급화는 더 빨리 일어날 것이다.

이를 클라우드 서비스가 도울 수 있다. 증강현실 글래스를 끼고 거리에 나갔다고 가정해보자. 와이파이 연결이 원활해야 하고, 2D였던 장면들을 3D 이미지 처리해서 보여줘야 한다. 이럴 때 클라우드에서 데이터를 고속으로 처리해 증강현실 글래스로 내려줄 수 있다. 만약 증강현실 글래스에서 이 모든 것을 처리해야 한다면 많은 양의 CPU를 써야 하고, 배터리의 양도 늘어나야 하며, 증강현실 글래스 역시 과부하로 인해 뜨거워지기 때문에 오랜 시간 착용할 수 없을 것이다.

또 공간 매핑 및 공간 음향 디자인도 클라우드를 통해 가능하다. 예를 들어 여러 명이 회의를 할 때 오른쪽의 아바타가 이야기를 하면 소리가 오른쪽에서 들려야 하고, 왼쪽의 아바타가 이야기를 하면 왼쪽에서 들려야 한다. 이런 기술들을 클라우드를 통해 사용할 수 있도록 이미 클라우드 서비스 안에 준비시켜놓았다. 클라우드 위에 얹어진 메타버스는 빠른 속도로 날개를 달게 되는 것이다.[149]

CLO

가트너 2022
IT 트렌드

Part 06

미래 기술의 예언은 가트너 리포트에서부터

—

IT의 트렌드를 안다는 것은 미래를 예견하는 열쇠를 쥐고 있는 것과 같다. 보통 '트렌드'라는 용어를 구분해서 사용하지는 않지만, 몇 가지 단계로 구분이 가능하다. '마이크로 트렌드micro trend' '매크로 트렌드marco trend' '메가 트렌드mega trend' '메타 트렌드meta trend' 등이다. AI 분야에서 마이크로 트렌드는 딥러닝이나 IoT와 같이 지금 현재 각광받고 있는 특정 알고리즘이나 세부 기술 등을 말한다. 마이크로 트렌드가 3~5년 이상 지속되면 매크로 트렌드가 된다. 매크로 트렌드는 사회 전반에 영향을 미치는 수준이 되는 것이다. 이런 경향이 10년 이상 지속되면 메가 트렌드라고 할 수 있다. 메가 트렌드는 4차산업과 같이 전 산업을 아우르는 큰 흐름을 만드는 것이다.[150] 이보다 더 나아가 생태계 전반이 변화되는 정도의 큰 영향을 주면 메타 트렌드가 된다.

메가 트렌드는 세계경제포럼이나, UN, 세계은행과 같은 국제기구나 국제 컨퍼런스 등에서 다루는 어젠더로 떠오르는 경우가 많다. 현재 인류가 전 산업에 걸쳐 해결하려는 이슈는 무엇인지, 왜 그런 이슈가 사람들의 관심을 받고 있는지 파악하는 데 도움이 되기 때문이다. '4차산업'이라는 용어 역시 2016년 세계경제포럼의 주제로 언급되면서 본격적으로 논의되기 시작했다. 반면, 마이크로 트렌드는 열정으로 가득 찬 스타트업에서 찾아볼 수 있다. 전 세계 톱5 **벤처 캐피탈**과 세계적인 투자자들이 그해 가장 투자를 많이 한 스타트업과 스타트업의 사업 모델을 분석해보면 지금의 마이크로 트렌드를 알 수 있다.

그렇다면 앞으로 주목받을 기술들은 무엇일까? IT업계에서 기술 트렌드나 기업 평가에 대해 가장 신뢰하는 보고서가 있다. 가트너와 IT 마켓 리서치 회사인 IDC International Data Corporation 리포트가 그것이다.

가트너는 매년 10월 '10대 전략 트렌드 Top 10 Strategic Technology Trends'라는 이름으로 다음 해 주목받을 것으로 예상되는 트렌트 키워드 10개를 선정하여 발표한다. 1979년 설립된 가트너는 5,700명의 직원 중 1,435명이 리서치 애널리스트 및 컨설턴트 인력으로 채워져 있다.

벤처 캐피탈 Venture Capital, VC 위험성은 크나 높은 기대수익이 예상되는 경쟁력 있는 벤처기업을 발굴해 투자하는 사업을 한다.

전 세계 85개국에 1만 2,400여 개 고객사들에게 자문을 해주고 있는데 정부기관 및 IT 기업, 투자회사 등 다양하다. 많은 기업이나 기관, IT 종사자들이 매년 발표하는 가트너의 'IT 트렌드 리포트'에 주목하고 있다. 그러나 이제 가트너의 리포트는 분야를 막론하고 우리 미래의 변화를 예측하기 위해 꼭 한 번 들여다봐야 할 필요가 있다. 가트너가 2020년 발표한 '2021 IT

트렌드'를 살펴보면 그 이유를 쉽게 알 수 있을 것이다. 이 책에서 언급된 수많은 IT 핵심기술들 역시 이미 가트너에서 한 번쯤 언급한 것들이기 때문이다. 처음엔 생소했던 기술들이었지만, 지금은 우리 생활에 깊숙이 들어와 상용화되고 있는 기술들도 많이 있다. 그렇다면, 가트너가 발표한 '2022년 IT 트렌드'에는 어떤 것들이 있을까? 그리고 가트너가 발표한 IT 트렌드는 현재 우리 삶에 얼마나 근접해왔을까?[15]

클라우드와 맞닿아 있는 2022 IT 트렌드

—

가트너는 2021년 10월 '2022 IT 트렌드'를 발표했다. 이 기술 트렌드 대부분은 클라우드 기술 트렌드와 맞닿아 있다는 것이 흥미롭다. 이번에 발표한 가트너의 트렌드는 크게 3가지 카테고리로 제시하고 있다. 성장가속화, 변화 형성, 공학적 신뢰이다. 바로 비즈니스적 활용과 성장에 초점을 맞췄다. 발전된 기술을 바탕으로 비즈니스의 빠른 성장을 기원하는 기대감이 담겨 있다. 발표된 가트너 2022 IT 트렌드 중 클라우드와 관련 있는 기술을 중심으로 알아보자. 추가로 필자가 예상한 트렌드도 만나보자.

데이터소스가 유연하고 탄력적으로 통합된다

—

지난 10년 동안 데이터와 어플리케이션의 수는 급증했다. 반면에 데이터 분석D&A은 그렇지 못하다. 기업들이 데이터를 저장하면 부서별로 따로 떨어져 저장된다. 그러다 보니 데이터 분석이 쉽지 않았다. 데이터 분석을 하는 사람들도 데이터 분석에 대한 수요보다는 공급이 따라주지 못하는 어려움이 있었다. 이 때문에 향후 몇 년은 데이터 분석에 대한 수요가 높아지고, 데이터를 쉽게 분석할 수 있는 툴, 또는 시스템에 관련된 산업이 한층 더 발전할 전망이다.

데이터 패브릭Datafabric은 조직의 모든 데이터와 관련 프로세스 및 소프트웨어를 연결하는 기술을 말한다. 즉, 비즈니스 사용자와 플랫폼 전반을 아울러 데이터소스의 유연하고 탄력적인 통합을 제공한다. 이에 따라 데이터가 어느 곳에 저장되어 있던 간에 구애 받지 않고 모든 장소에서 데이터를 사용할 수 있다. 또한 분석 기능도 사용할 수 있다. 데이터가 사용 및 변경되어야 하는 곳을 권장하고 이를 통해 데이터 관리 업무를 최대 70%까지 줄일 수 있다는 장점이 있다. 이러한 현상으로 인해 패브릭 데이터를 서로 연결해 쉽게 분석할 수 있는 솔루션들이 늘어날 것이다.

보안이 그물처럼 촘촘해지는 사이버 보안 메시

—

메시Mesh는 그물처럼 연결되는 것을 말한다. 그렇다면 보안과 그물을 왜 연결했을까? 한 번에 이해되기엔 어려운 단어 조합이다.

코로나19가 시작되고 재택근무가 활성화되었다. 꼭 집이 아니더라도 원격지에서 근무하는 형태가 늘어났다. 기존의 시스템은 직원들이 회사의 건물 안에 들어오는 것을 전제로 모든 보안 서비스를 만들었다. 사무실 출입 카드, 스피드 게이트, 무선 인터넷에 접속하는 노트북, 회사 네트워크까지 모든 보안이 건물을 중심으로 되어 있었다. 코로나19가 시작되고 건물이 폐쇄되자 집, 카페, 도서관 등 다양한 곳에서 직원들이 일하기 시작했고, 기존에 막아놓았던 네트워크 설정 보안들을 확대해야 하는 상황에 처했다. 그래서 보안망이 그물처럼 늘어난다는 의미로 사이버 보안 메시라는 용어가 생겨났다.

장소에 상관없이 모든 회사의 디지털 자산을 통합하여 철저히 보안해야 하고, 이러한 서비스들이 늘어날 수밖에 없다. 회사의 데이터베이스 안에 저장된 정보들은 개인정보처럼 예민한 내용도 많다. 유럽에는 GDPR이라는 제도가 있다. 기업들이 데이터 보안 규정을 제대로 지키지 않을 시 연간매출액의 4% 혹은 2천만 유로 중에서 더 큰 금액을 벌금으로 내야 할 만큼 중요한 요소다. 이 조항으로 인해 아마존은 9,700억, 구글은 670억의 세금을 내야 했다. 그렇기 때문에 사이버 보안 메시는 IT 산업이 발달할수록 더 중요할 수밖에 없다.

사이버 보안 메시 아키텍처CSMA, Cyber Security Mesh Architecture는 유연하고 자유로운 구성이 가능한 아키텍처로, 널리 분산돼 있는 여러 다른 종류의 보안 서비스들을 통합하게 해준다. 장소에 상관없이 모든 자산을 보호할 수 있는 통합 보안 구조와 대응도 제공한다. 클라우드가 아닌 환경과 클라우드 환경들을 아울러 신속하고 안정적으로 아이덴티티, 콘텍스트, 정책 준수를 검증할 수 있다. 가트너는 CSMA로 보안툴을 통합할 경우, 개별적인 보안 사고로 얻게 될 기업의 재정적 충격을 평균 90%까지 줄일 수 있을 것이라 전망했다.

보안이 더욱 강화되는 개인정보 강화 컴퓨테이션PEC

—

클라우드에서 플랫폼을 만들고 실행하는 데는 위험이 따른다. 가장 큰 위험은 여러 명의 다른 사용자와 컴퓨팅 자원을 공유한다는 것이다. 메모리, CPU가 공유되고, 데이터가 경계선을 넘어 조직 외부에서 엑세스가 가능한 지점으로 유출될 가능성도 있다. 개인 식별 정보를 다루거나 자체 금융 데이터를 처리하는 경우, 이것을 어떤 이유에서든 유출하게 되면 규정 위반이 된다.

이러한 이유로 클라우드 서비스의 보안은 이미 최고 수준이다. 하지만 기본 보안 이상, 가능한 한 최상의 보안을 구축해야만에 하나 위험한 일이 발생하지 않기 때문에 고객들은 그 이상을 원한다. 최첨단 금융 기술을 클라우드에 구축하거나 클라우드를 사용해서 건강 데이터를 처리하고 관리하는 기업이나 정부와 군대도 그중 하나다.

기밀 컴퓨팅 개념은 컴퓨팅 및 메모리 리소스를 모두 보호하는 안전한 컨테이너가 된다. 메모리 공간에서 신뢰할 수 없는 코드의 실행을 차단해 다른 사용자로부터 데이터를 보호한다. CPU, 메모리를 모두 보호하고 사용자만 신뢰할 수 있는 코드만 실행되도록 한다. 이처럼 신뢰할 수 없는 환경에서 개인 데이터를 안전하게 처리할 수 있는 기술이 바로 개인정보 강화 컴퓨테이션이다. 개인정보 및 데이터 보호 관련 법규제가 강화되고, 소비자의 우려가 높아짐에 따라 가트너는 2025년까지 대기업의 60% 이상이 개인정보 강화 컴퓨테이션을 사용할 것이라 예상하고 있다. IT 산업이 발전할수록 보안은 빼놓을 수 없는 중요한 키가 될 것이다.

탄력성 뛰어난 클라우드 네이티브 플랫폼

—

기존의 클라우드 기업들은 클라우드를 도입할 때 온프레미스 환경의 데이터센터를 사용했다. 그러나 많은 사람들이 클라우드와 친숙해졌고, 이제 클라우드에서 제공하는 장점을 그대로 살려 어플리케이션을 만드는 것이 필요한 단계가 되었다.

온프레미스 환경, 즉 데이터센터나 전산실에서 운영하던 인프라를 리프트&시프트 방식Lift and Shift. 클라우드 전환 시, OS와 데이터, 애플리케이션을 그대로 들어서 옮기는 리호스팅 방식을 이용해 클라우드로 이전을 하게 되면 클라우드의 이점을 활용하지 못할 것이고, 유지보수 또한 까다롭다. 클라우드 네이티브 플랫폼은 클라우드 컴퓨팅의 핵심 기능을 사용해 확장성과 탄력성이 뛰어난 IT 관련 기능을 서비스 형태as a service로 제공하는 것을 말한다. 이를 통해 가치 창출 시간을 단축하고 비용을 절감할 수 있다. 가트너는 2021년에는 40% 미만이지만 2025년이면 새로운 디지털 이니셔티브 중 95% 이상이 클라우드 네이티브 플랫폼을 사용할 것이라고 전망했다.

AI가 의사결정을 돕는 시대가 온다

—

기업에게 의사결정은 점점 까다롭고 막중한 업무가 되고 있다. 의사결정 하나로 경쟁우위가 바뀔 수 있기 때문이다. 의사결정 인텔리전스[미]는 조직의 의사결정을 개선하기 위한 실용적인 방법이다. 의사결정이 이루어지는 방법을 엔지니어링함으로써 의사결정을 개선하는 것이다.

의사결정을 잘하기 위해서는 결국 초거대 AI가 사용되고, AI 서비스를 활용해 스마트한 선택을 할 수 있도록 돕는 것이다. 예를 들어 유통회사들은 머신러닝을 사용해 이번 달 사용자들의 구매 패턴을 가지고 다음 달 예상 매출을 산출할 수 있다. 이것에 맞춰 인력을 재배치한다거나 인력을 보충하고, 제품을 추가 생산할 계획까지 미리 세울 수 있는 것이다. 재고 관리 또한 가능하다. 의사결정을 스마트하게 진행하고 기업의 경쟁력을 높이는 것이 의사결정 인텔리전스이다.

이는 AI의 정보와 학습, 개선을 통해 제공하는 인텔리전스와 분석을 사용해 각각의 의사결정을 프로세스 세트로 모델링한다. 사람의 의사결정을 지원하고 강화하지만 잠재적으로 증강 분석, 시뮬레이션 및 AI를 사용해 자동화될 수 있다. 가트너는 향

후 2년 내 대기업의 1/3이 경쟁력 향상을 위해 의사결정 인텔리
전스를 활용할 것으로 전망했다.

코딩도 AI가 하는 하이퍼오토메이션

—

하이퍼오토메이션Hyperautomation은 IT 프로세스를 신속하게 판별,
조사, 자동화하기 위한 비즈니스 기반 접근법을 말한다. RPA,
로봇 프로세스 오토메이션 등이 이에 속한다. 초거대 AI가 활성
화되면서 코딩 같은 경우도 개발자가 기본 함수를 입력하면 이후
의 함수들은 AI가 알아서 입력해준다. 뛰어난 하이퍼오토메이션
팀은 업무 품질 향상, 비즈니스 프로세스 속도 향상, 의사결정의
민첩성 향상에 중점을 두고 있다. 이로 인해 비즈니스 탄력성과
성장에 박차를 가할 수 있다.

　AI 엔지니어링은 AI 모델의 운용화를 위한 통합 접근법이
다. 어플리케이션 내에 AI를 통합하는 것이다. 데이터 수집, 데
이터 모델을 정제하는 것, 학습 모델을 구축하는 것, 어플리케이
션을 업데이트하는 것까지 모든 것이 자동화되는 것을 말한다.
마케팅 행사를 진행한다고 가정해보자. 선착순 이벤트를 했는데,

선착순 형태의 이벤트를 진행하니 매출은 하락했다. 희소성 한정 아이템을 주니 매출이 3배가 올랐다. 이벤트 방식에 따라 매출이 달라지는 것을 기존의 데이터와 통합해 끊임없이 비교하면서 학습 모델을 자동으로 만들어주는 것이 AI 엔지니어링이다.

AI 엔지니어링은 데이터, 모델, 어플리케이션의 업데이트를 자동화하고, 실제 AI 솔루션의 가치를 최적화하는 것이 중요하다. 가트너는 2025년까지 10%의 기업이 AI 엔지니어링 베스트 프랙티스를 구현할 것이며, 이것이 나머지 90%의 기업들보다 AI로 3배 이상의 가치를 끌어낼 수 있을 것으로 예상했다.

원격근무 정착된 분산형 기업

—

원격 및 재택근무 패턴이 증가함에 따라, 기존 사무실 중심의 조직은 흩어진 직원들로 구성되는 분산형 기업Distributed Enterprise으로 진화하고 있다. 분산형 기업은 디지털, 원격 우선의 비즈니스 모델로 원격근무자들의 환경을 개선하고 소비자 및 협력사와의 접점을 디지털화하는 것이 목표다. 원격지의 직원과 소비자가 증가함에 따라 버추얼 서비스와 하이브리드 워크플레이스에 대한 수요가 늘었다. 실제 분산형 기업은 여러 곳에 거점 오피스를 만들어 직원들이 언제든 출근해 일할 수 있도록 시스템을 갖추고 있으며, 메타버스에도 오피스를 만들어 그곳에서 회의나 미팅이 가능하도록 세팅하고 있다.

이에 따라 자기주도적 근로자 Self-directed workforce가 증가했다. 코로나19로 인해 하이브리드 형태의 근무가 가능해졌고, 코로나19가 종식된다고 하더라도 원격근무는 없어지지 않을 것이라는 전망이다. 모든 곳에 적용되지는 않겠지만 두 가지가 혼재된 하이브리드 형태의 근무환경이 될 가능성이 높다. 자기주도적, 하이브리드 속성의 업무는 더 원격화되며 부서 또한 자율적으로 움직이게 될 예정이다. 가트너는 2023년 정도에는 분산형 기업의 이점을 활용한 조직의 75%가 경쟁사보다 25% 빠른 매출 성장을 이룰 것으로 전망했다.

성장을 가속화하는 전체 경험

—

전체 경험 Total Experience. TX은 여러 접점에 걸쳐 고객 경험CX, 직원 경험EX, 사용자 경험UX, 다중 경험MX 등을 통합해 성장을 가속화하는 것이다. 이전에는 제품을 만들 때 고객 경험에만 포커스를 맞추었다면, 지금은 다른 경험들에게까지 넓게 포커스를 맞추어서 반영한다는 것이다. 최근 들어 고객센터, 콜센터라 불리는 고객응대센터 또한 컨텍센터로 이름이 바뀌는 이유도 여기에 있다.

고객 여정 관리도 이전에는 부서별로 다 떨어져 있었다면 현재는 하나로 통합하여 관리한다. 고객 컨텍센터와 영업 조직이 가지고 있는 데이터, 고객의 피드백 혹은 개선 사항들을 통합해 바로 제품 개발자에게 전달되는 것이다. 제품 개발자는 이 데이터를 받아 다시 제품에 반영하고, 마케팅 부서에 개선된 점을 전달하여 높은 판매량을 달성할 수 있는 것이다. 전체 경험은 이렇게 선순환이 되는 토탈 레이스를 포함하여 말할 수 있다. 이처럼 많은 사람들의 경험을 전반적으로 관리하여 고객과 직원의 확신, 만족도, 충성도, 지지도를 높일 수 있다. 가트너는 적응력이 뛰어나고 탄력적인 전체 경험을 사용한 비즈니스 결과는 기업의 매출과 수익을 증대할 것이라고 예상했다.

알아서 업데이트되는 자치 시스템

—

자치 시스템Autonomic Systems은 자신을 둘러싼 환경에서 학습해 자가관리가 되는 물리적 혹은 소프트웨어 시스템을 말한다. 스스로 셀프 업데이트되는 형태를 말하는데 IoT에서 이미 쓰이고 있다. 사람의 개입 없이 해커가 공격하려고 하면 방어가 가능하고, 성능이 떨어지면 성능을 높이기 위한 프로그램 패치를 알아서 작동시키기도 한다.

자치 시스템은 자동화된 시스템 혹은 심지어 자율 시스템 autonomous systems과는 다르다. 가장 큰 차이점은 변화가 필요하다고 느낄 때 외부의 소프트웨어 업데이트를 필요로 하지 않고 자체 알고리즘을 실시간으로 다이내믹하게 수정한다는 것이다. 마치 사람처럼 새로운 환경에도 빠르게 적응한다. 장기적으로는 로봇, 드론, 제조기기, 스마트공간 등 물리적 시스템에서 보편화될 것이다.

창의성 학습하는 생성형 AI Generative AI

—

생성형 AI는 데이터로부터 콘텐츠나 오브젝트를 학습하는 러닝 머신 방법이다. 데이터로 얻어낸 결과를 학습해 원작과 유사하지만 독창적이고 새로운 결과물을 만든다. 현재 비즈니스 시장에서 볼 수 있는 가장 강력하고 가시적인 AI 기술 중 하나다.

예를 들어 사진 두 장을 입력하면 AI가 사진을 가지고 소설의 스토리를 만든다거나, 제품의 정보를 입력하면 마케팅 문구를 만들어주는 것들이 여기에 포함된다. 고객센터에 어떤 고객이 댓글을 달았을 때, AI가 감정을 분석하고 맥락을 파악해서 고객이 화가 난 상태라는 것까지 인지할 수 있다.

생성형 AI는 소프트웨어 코드 작성, 신약 개발 및 타깃 마케팅 등 다양한 활동에 사용될 수 있다. 또 영상, 글, 그림 등 창작물의 새로운 형태를 만들 수 있는 잠재력이 있으며, 가트너는 2025년이면 생성되는 데이터의 10%가 생성형 AI로 만들어질 것으로 내다보고 있다. 현재는 1% 미만이다.

미래 전망 "웹3.0"

—

가드너 IT 트렌드에 더해 필자는 웹3.0을 2022년 IT 키워드로 뽑았다. 뜨거운 감자인 '웹3.0'이라는 개념은 암호화폐, DAO탈중앙화조직, 비트코인, NFT대체불가능토큰, De-Fi탈중앙화금융, DApp탈중앙화앱 등을 전부 포괄하는 '미래의 인터넷'을 말한다. 웹 3.0이 최종적으로 지향하는 것은 '탈중앙화'이고 그것이 이루어지기 위한 수

	웹1.0	웹2.0	웹3.0
상호 작용 Interact	읽기|Read	읽기, 쓰기|Read-Write	읽기, 쓰기 및 소유 Read-Write-Own
매체 Medium	정적인 문서 Static Text	양방향 콘텐츠 Interactive-Content	가상 경제 Virtual Economics
조직 Organization	기업 Companies	플랫폼 Platforms	커뮤니티 Networks
인프라 Infrastructure	개인용 컴퓨터 PC	클라우드 및 모바일 Cloud & Mobile	블록체인 Blockchain Cloud
제어 Control	탈중앙화 Decentralized	중앙집중 Centralized	탈중앙화 Decentralized

웹1.0/2.0/3.0 핵심 기능 비교

단은 블록체인이다. 블록체인 기술을 기반으로 나온 다양한 파생 상품들로 비트코인, NFT, De-Fi, DApp 등이 있다.

표에서 보는 것처럼 인터넷을 사용하는 웹1.0 시대에는 대부분이 단순한 HTML 기반의 정적인 텍스트 위주 콘텐츠들을 소비Read하는 형태였지만, 웹2.0 시대에는 블로그와 SNS 플랫폼상에서 2차원적인 이미지와 동영상 콘텐츠를 생산Read-Write하고 서로 소통하는 단계였다. 하지만 여전히 사용자들이 만든 콘텐츠들은 플랫폼 사업자 서버에 저장되었다. 웹3.0 시대에는 메타버스와 같은 가상 공간에서 3D 콘텐츠들이 생산, 유통되고 탈중앙화된 블록체인을 통해 콘텐츠에 대한 소유권도 사용자에게 귀속된다.

탈중앙화는 쉽게 말해 어떤 거래가 일어날 때마다 모든 컴퓨터가 이를 기록하는 것이다. 중앙화된 조직이 없어도 한 번 기록된 것은 조작되지 못하기 때문에 문제가 생기지 않는다. 이러한 탈중앙화가 인터넷에 사용되는 것이 웹3.0이라고 할 수 있다.

웹2.0은 기업들에 의해서 운영되는 중앙화된 폐쇄적 인터넷이다. 대부분의 가치는 소수의 기업(구글, 애플, 페이스북, 아마존)이 독점했다. 플랫폼 기업이 모든 가치와 수익을 창출했던 것이다. 그러나 웹3.0은 토큰(코인)을 통해 모든 참여자에게 기여도에 따르는 인센티브를 분배한다. 코인 생태계 참여자가 많아질

수록 코인 가격도 함께 상승한다. 플랫폼에 집중되고, 일부 기업들이 독점했던 웹2.0의 문제를 웹3.0이 해결할 수 있다고 예상한다. 현재 이러한 변화를 읽은 많은 웹2.0 기업들이 암호화폐에 투자하고 NFT를 도입했다. 실리콘밸리 벤처캐피털들 또한 암호화폐 기업들에 투자해서 많은 돈을 벌었고, 앞으로도 재투자할 의향이 있다고 밝혔다.

최근 미국의 소셜미디어 회사인 레딧Reddit이 상장한다고 발표했다. 레딧은 '짤방'과 같은 밈을 비롯하여 콘텐츠들이 공유되는 게시판이다. 그러나 상장 소식을 들은 레딧의 사용자들은 이렇게 말했다. "레딧은 사용자 모두의 것이 아닌가요? 글도 사용자가 올리고, 광고주들을 위한 데이터도 사용자가 제공하는데, 상장했을 때 사용자에게 주어지는 혜택은 무엇이죠?"

이 반응만 봐도 웹2.0 시대가 끝나고, 웹3.0 시대가 오고 있음을 느낀다. 레딧이 웹3.0 기업이었다면 토큰을 상장해 사용자들과 수익을 공유했을 것이다. 앞서 언급한 게임 엑시인피니티나 무한돌파삼국지처럼 말이다. 이처럼 사용자들이 자신의 권리를 주장하기 시작했다는 것은 웹3.0 시대가 빠르게 도래할 것이라는 신호가 아닐까?

최신기술의 집합 클라우드, 트렌드를 파악하라

—

국내 스타트업과 대기업뿐만 아니라 해외의 다양한 비즈니스가 클라우드 기반으로 사업이 진행되면서, 클라우드 기반의 비즈니스는 이미 거스를 수 없는 흐름이 되었다. 지금까지 살펴본 것처럼 최신의 핵심적인 IT 기술은 모두 클라우드 플랫폼 안에서 움직인다. 지금 이 시간에도 수많은 IT 기술들이 클라우드 안에서 업데이트되고 있다.

이러한 클라우드 IT 기술의 트렌드를 조금이나마 쉽게 들여다볼 수 있는 방법은 다른 기업이 어떻게 클라우드 서비스를 이용하고 있는지 알아보는 것이다. AWS, MS 애저를 비롯하여 모든 클라우드 서비스업체의 사이트에는 '고객 성공 사례'라는 코너가 있다. 단순하게 특정 기업 위주로 나온 것이 아니라 지역별, 산업별, 사용기술별로 다양하게 사례가 나와 있기 때문에 이곳에서 꽤 중요한 인사이트를 얻을 수 있다. 클라우드를 먼저 도입한

AWS 사이내 내의
고객성공사례

동종 업계 기업들의 사례 분석을 살펴보면서 우리 회사가 어떻게 클라우드를 도입할 수 있는지, 회사가 당면한 문제를 클라우드의 어떤 서비스를 통해 해결할 수 있는지 미리 준비할 수 있다.

AWS에서 제공하는 '고객 성공 사례' 코너

MS 애저의 '참조 아키텍처' 코너

예를 들어, 의료 부문에서 빅데이터를 활용한 비즈니스는 어떤 것이 있는지, 자신이 원하는 정보를 입력해 디테일하게 찾아볼 수 있다. 검색을 해보면 고객이 당면한 비즈니스 문제가 무엇이었고, 그것을 해결하기 위해 어떠한 클라우드 기술을 사용했는지, 최종적으로 그 기술을 도입한 회사에게 어떠한 효과를 가져왔는지 자세하게 나와 있다. 이렇게 자신이 관심 있거나 비즈니스하기 원하는 분야의 사례를 찾다보면 최신기술을 활용한 비즈니스 인사이트뿐만 아니라 최신 기술의 트렌드 또한 파악할 수 있다.

또한 '참조 아키텍처' 코너도 살펴볼 만한 가치가 있다. 여기서는 산업별로 클라우드의 어떤 서비스로 어떻게 구현할 수 있는지를 기술 중심으로 설명하고, 적절한 서비스 모델을 제안해준다.

예를 들어, 원격진료 모니터링 시스템을 구축하려는 병원이 있다고 하자. 클라우드를 처음 접하는 병원이라면 어디에서부터 어떻게 해야 할지 막막하다. 이럴 때 원격 환자 모니터링 시스템 '참조 아키텍처'를 활용하면 필요한 기술이 무엇인지, 다른 서비스들과 어떻게 연결하면 되는지 쉽게 파악할 수 있다. 이처럼 클라우드 플랫폼에는 기업이 현재 당면한 비즈니스 문제가 있다면, 이를 IT 기술로 해결할 수 있는 방법을 찾아 이에 대한 인사이트를 얻을 수 있다.

클라우드 서비스업체의 최대 행사 서밋

—

클라우드 IT 기술의 현주소를 아는 데는 클라우드 서비스업체들의 서밋만큼 발빠르게 접할 수 있는 것은 없다. AWS와 MS 애저, 알리바바 클라우드 등의 클라우드 서비스업체는 매년 서밋Summit이라는 행사를 개최한다. 특히 매년 라스베이거스에서 열리는 아마존의 〈리:인벤트〉는 클라우드 산업계에서 가장 핫한 행사 중 하나다. 2019년 행사의 경우, 한국 참가자 1천여 명을 포함하여 6만 5천여 명의 참가자를 대상으로 3천 개가 넘는 강연 세션이 진행되었다. 서밋은 자사의 최신기술을 소개하고 파트너 기업들과 직접 만나 교류하는 행사다. 글로벌 서밋 행사에서는 전 세계에 수많은 파트너 기업들이 클라우드를 통해 어떻게 비즈니스를 확대하고 있으며 어떻게 활용하고 있는지 직접 만나서 이야기를 나누기도 한다. 이 서밋의 참가비는 매우 높지만 온라인에서는 참가비가 무료이며, 실시간 유튜브로도 현장상황이 방송된다.

이곳에서는 그 해에 주목해야 할 서비스에 대해 업체의 대표들이 신규 서비스와 주목할 만한 서비스 업데이트에 대한 '기조연설'을 한다. 이 기조연설은 앞으로 나올 IT 기술을 파악하는 데 꽤 중요한 포인트가 된다.

　　서밋 행사의 프로그램이 보통 1천 개 이상이 되다 보니 일일이 다 들어본다는 건 거의 불가능하다. 이를 위해 행사가 종료되면 문서를 공개하기 때문에 세부 기술에 대해 자세히 읽어볼 수 있다. 또한 클라우드업체 서밋에서 발표된 자료는 각 회사별 홈페이지나 슬라이드셰어를 통해서 누구나 다운로드 받을 수 있도록 대부분 공개된다. 그러나 2020년은 코로나19 확산으로 인해 대부분의 행사가 온라인으로 진행되는 상황이다. 대표적인 서밋 정보를 소개한다.

　　우리나라에서도 클라우드 서비스업체 별로 1년에 한두 번씩 자체 서밋이 열리고 있다. 대부분 한국인들의 강연이기 때문에 언어에 대한 어려움은 없다. 만약 글로벌 서밋이나 한국에서 열리는 서밋에 직접 참여한다면 세션장과 별도 부스 전시관에 들러 클라우드 전문가들의 컨설팅도 받고 인맥을 쌓아두면 좋다. 대부분 클라우드 서비스업체들은 서밋 기간 동안 자체 클라우드 전문가들이 진행하는 1:1 컨설팅 부스를 마련해놓고 있다. 평소에 질문하고 싶었던 기술적인 궁금증이 있다면 이런 행사를 통해 전문가 1:1 컨설팅을 무료로 받을 수 있는 기회다. 클라우드 전문가에게 직접 컨설팅 받는 비용도 만만치 않기 때문에 서밋 기간을

	아마존	마이크로소프트	구글
행사명	리:인벤트 Re:Invent	인스파이어Inspire 이그나이트 Ignite	구글 Google I/O, 구글 클라우드 넥스트 Google Cloud Next
일시	11월말 또는 12월초	7월, 11월 또는 12월	4월
장소	미국 라스베이거스	미국 올랜도	미국 샌프란시스코
주요 내용	클라우드 기술을 통해 비즈니스와 기술 플랫폼에 바로 접목할 수 있도록 AWS가 제공하는 서비스와 솔루션을 배울 수 있는 행사. 고객 비즈니스와 기술 플랫폼에 맞는 다양한 주제와 최신 기술 트렌드에 따른 신규 서비스, 그리고 고객의 경험을 통한 모범 사례 등을 한 자리에서 들을 수 있다. 세계 최대 온라인 쇼핑몰 운영 업체로 고객만족과 매출 극대화를 AI 기반으로 어떻게 구현할 수 있는지 알 수 있다.	클라우드 IaaS에서 PaaS, SaaS를 골고루 사업 포트폴리오로 가지고 있는 기업답게 비즈니스 애플리케이션 활용을 위한 솔루션 뿐 아니라 엔터프라이즈 환경에서 클라우드 활용에 대한 다양한 고객 사례를 확인해볼 수 있다. 또한 윈도우 OS 제조사로서 온-프레미스 서버 제품과 클라우드와의 하이브리드 전략에 대해 확인할 수 있다. 클라우드 기반 협업 솔루션을 통한 업무 환경 개선에 대한 인사이트를 얻을 수 있다.	세계 최대 검색엔진 업체인 만큼 데이터 검색과 분석에 대한 차별화된 서비스를 확인할 수 있다. 또한 안드로이드 OS 업체로의 모바일 환경에서 애플리케이션 개발을 클라우드 기술과 접목하는 부분에 대한 인사이트를 얻을 수 있다. 다양한 IoT업체 및 AI 업체 인수를 통한 홈 오토메이션 서비스 및 지스위트로 제공되는 협업 및 스마트 워크플레이스에 대한 전략을 확인 할 수 있다.
특징	클라우드 시장을 상업적으로 성공시킨 회사인 만큼 2,500개에 달하는 세션과 파트너 부스를 통해 클라우드 A에서 Z까지 모든 것을 듣고 배우게 된다.	글로벌 소프트웨어 기업답게 클라우드 서비스 뿐만 아니라 기업 업무용 소프트웨어(윈도우, 오피스)와의 긴밀한 협업방안에 대한 인사이트를 얻을 수 있다.	혁신적인 클라우드 서비스와 안드로이드와의 연동 서비스에 대해 개발 관점에서 많은 인사이트를 얻을 수 있다.
국내 행사	아마존 서밋 서울 Amazon Summit Seoul	마이크로소프트 이그나이트 더 투어 서울 Microsoft Ignite The Tour Seoul	구글 클라우드 서밋 서울 Google Cloud Summit Seoul

클라우드업체의 주요 서밋

적극 활용하면 좋을 것이다.

또한 파트너 부스를 참관해도 도움이 된다. 클라우드 기술 공부를 따라 잡는 것도 사실상 여간 어려운 일이 아니지만, 서밋 기간 동안 클라우드 파트너 업체들과의 만남도 의외의 공부가 되곤 한다.

클라우드 기술을 한눈에 볼 수 있는 '구글 클라우드 넥스트' 현장

칼럼

좀더 알아보는

클라우드 지식

클라우드 서비스에는 무엇이 있을까?

—

클라우드 컴퓨팅 기술이 나오기 전, 대부분의 기업들은 전통적으로 자체 데이터센터나 전산실에 서버를 구축하고 운영해왔다. 이를 온-프레미스 환경이라고 한다. 집짓기로 비유하자면, 건축주가 직접 원하는 지역에 땅을 매입하고, 설계나 시공도 직접 하는 것과 같다. 반면 클라우드는 기본적으로 데이터센터나 전산실을 구축하지 않아도 모든 것을 빌려주는 것이라고 할 수 있다. 단, '대여' 범위에 따라 크게 IaaS, PaaS, SaaS 3가지로 나뉜다.

하드웨어를 빌려주는 IaaS

IaaS Infrastructure as a Service는 'IT 인프라를 빌려주는 서비스'라고 할 수 있다. 집짓기에 비유하면, 건축주가 땅과 건축자재만 빌리고 나머지 설계와 시공은 직접하는 것이다. 즉 회사가 직접 데이터센터나 전산실을 구축하지 않고, 서버와 스토리지, 네트워크 장비와 같은 IT 인프라만 클라우드 서비스업체에게 빌리고, 기업이 필요한 프로그램이나 IT 기술은 직접 개발하는 것이다. 넷플릭스가 대표적인 사례라고 할 수 있다. 넷플릭스는 데이터센터를 직접 운영하지 않고 AWS의 IaaS 서비스를 이용하는 방법을 택했다. 8년에 걸쳐 모든 데이터를 AWS의 클라우드로 이전하는 작업을 마쳤다.

플랫폼을 빌려주는 PaaS

PaaS Platform as a Service는 '플랫폼을 빌려주는 서비스'다. 집짓기로 치면, 건축회사로부터 땅과 건축자재를 빌리고, 설계는 건축회사가 준비한 도면 중 건축주의 취향에 맞는 것을 고르는 것이다. 건축주는 설계도면대로 시공함으로써 시공 상의 번거로움을 덜 수 있다. 이처럼 PaaS는 IaaS처럼 물리적인 IT 인프라를 클라우드 서비스업체에게 빌리는 것까지는 같지만, OS와 같은 운영체제와 미리 개발되어 있는 다양한 IT 기술까지 클라우드 서비스업체에게 빌려 IaaS보다 좀더 쉽게 개발할 수 있다.

예를 들어, 모바일 중고거래 어플을 개발한다고 했을 때, 어플에 들어가는 주요 기능 중, 로그인 기능, 알림을 받는 푸시 기능, 게시글 등록 기능은 기본적으로 들어가야 한다. 이 각각의 기능을 개발자가 만들어야 하지만 PaaS는 이 각각의 기능을 빌려준다. 개발자는 이 기능들을 하나하나 빌려와 서로 잘 어울릴 수 있게 조립하여 완성품을 만들면 된다.

웹에서 소프트웨어를 바로 쓸 수 있는 SaaS

SaaS Software as a Service는 '소프트웨어 서비스'다. 즉, 필요한 소프트웨어를 설치할 필요없이 클라우드 환경에서 이용하는 서비스다. 건축으로 비유하면, 사용자가 원하는 용도의 건물을 빌려서 사용하는 것이다. 앞서 소개한 IaaS나 PaaS가 기업이 주로 사용하는 클라우드 서비스라면 SaaS는 개인들도 쉽게 접할 수 있는 서비스다. 드롭박스Dropbox나, 네이버 클라우드가 그렇다. 이 서비스들은 사용자가 원하는 기능을 찾아 웹상에서 로그인만 하면 쉽게 본인의 데이터를 저장을 할 수 있다. IT 인프라를 개발할 필요가 전혀 없는 서비스다. 스토리지 서비스뿐 아니라, M365나 구글 지스위트처럼 별도의 설치 없이 웹상에서 문서편집을 할 수 있는 서비스로 대표적인 SaaS에 해당한다. 또한 한컴의 오피스 솔루션인 넷피스24Netffice24나 기업회계 ERP 솔루션인 더존클라우드Douzone Cloud도 기업에서 별도의 프로그램 개발 없이 클라우드 상에서 업무를 볼 수 있는 환경을 제공하는 SaaS서비스다.

클라우드 모델은 무엇이 있을까?

—

클라우스 서비스는 하드웨어가 어디에 위치해 있고, 누가 운영하는지에 따라 3가지로 나뉜다. 크게 퍼블릭 클라우드Public Cloud, 프라이빗 클라우드Private Cloud, 하이브리드 클라우드Hybrid Cloud 모델이 있다. 그리고 최근에는 멀티 클라우드Multi Cloud에 대한 논의가 활발하다.

퍼블릭 클라우드는 우리가 일반적으로 쓰는 클라우드의 형태로, 클라우드 업체가 제공하는 서비스를 통해 인터넷 상에서 누구나 계정만 생성하면 사용할 수 있는 모델이다. 퍼블릭 클라우드 환경은 전 세계적으로 서비스를 빠르게 확장해야 할 때 적합하다. 온라인게임과 같은 글로벌 서비스로 출시해야 하는 경우라면 더욱 그렇다. 앞서 배틀그라운드를 예로 든 것처럼 온라인게임은 속도가 서비스의 질을 좌우한다. 국내에만 클라우드 기반의 데이터센터를 운영한다면 다른 나라 이용자들은 국내보다 느린 속도로 게임을 할 수밖에 없다. 그렇기 때문에 국내외 대부분의 게임사들은 퍼블릭 클라우드 서비스를 통해 게임을 개발하고 운영하여 경쟁력을 키우고 있다. AWS를 비롯한 MS 애저 등 대규모 클라우드 서비스업체의 경우 나라별, 지역별로 클라우드 기반의 데이터선터를 구축해두고 있기 때문에 빠르고 안정적인 서비스가 가능하다. 에어비앤비나 넷플릭스처럼 글로벌 서비스를 하는 업체들은 대부분 퍼블릭 클라우드를 이용하고 있다.

프라이빗 클라우드는 클라우드 기반 플랫폼을 온-프레미스 환경 즉, 기업의 자체 데이터센터나 전산실에 클라우드를 구축한 모델이다. 하나의 기업을 위한 클라우드 환경이라고 할 수 있다. 기업의 중요한 데이터를 기업 내부에서만 접근하도록 보안을 강화하거나 업무 환경에서 아주 빠른 데이터 전송을 요할 때 구축한다. 특히 공공기관이나 금융권과 같이 물리적으로 네트워크망을 분리해야 하는 환경이나, 의료 연구나 반도체 설계 등 국가 차원의 민감한 데이터의 유출을 막기 위해 인터넷 차단이 필요한 환경에서 사용한다. 또한 스마트공장과 같이 현장에서 센서 데이터를 실시간 고속으로 처리해야 하는 환경에서도 프라이빗 클라우드를 사용하면 네트워크 지연 없이 서비스를 제공받을 수 있다. 최근 SK텔레콤에서는 5G망을 통한 스트리밍 서비스나

하이브리드 클라우드
기업의 중요 데이터는 프라이빗 클라우드에 보관하고
웹과 같이 확장성이 필요한 서비스는 퍼블릭 클라우드를
이용하는 환경

퍼블릭 클라우드
초기투자 없이 빠른 비즈니스 활동이 필요한
스타트업이나 글로벌 서비스를 제공하는
게임업체에서 주로 사용

프라이빗 클라우드
단일 기업을 위한 전용 클라우드 환경
금융이나 공공, 정부기관처럼 인터넷으로부터
제한이 필요한 기관에서 주로 사용

증강현실·가상현실 서비스를 위해 5G **MEC** 기지국에 프라이빗 클라우드 서비스를 도입하기로 했다. 2025년에는 500억 개 규모의 디바이스가 인터넷에 연결되고, 175제타바이트라는 상상할 수 없는 양의 데이터가 생성될 것으로 예상하고 있다.

하이브리드 클라우드는 클라우드 서비스업체가 제공하는 퍼블릭 클라우드와 프라이빗 클라우드를 동시에 사용하는 모델이다. 기업의 중요한 데이터는 프라이빗 클라우드에 저장하고, 자원에 대한 제한 없이 확장성이 필요한 기술은 퍼블릭 클라우드와 함께 사용하면 각각의 단점을 보완하여 서비스 장애를 줄일 수 있다.

글로벌조사기업 라이트스케일RightScale 자료에 따르면 2018년 기준으로, 96%의 글로벌 기업들이 클라우드를 도입해서 사용하고 있는데, 그중 프라이빗 클라우드나 퍼블릭 클라우드 단독으로 쓰는 경우보다 하이브리드 형태로 사용하는 기업이 71% 가량 많은 것으로 나타났다. 퍼블릭 클라우드를 사용하는 기업은 2015년 88%에서 2018년 92%로 늘어났으며, 하이브리드 클라우드를 사용하는 기업은 2015년 58%에서 2018년 71%로 13%나 증가했다.

미래를 내다보는 힘, 클라우드

—

2010년, 나는 블리자드Blizzard 싱가폴 지사에서 리눅스 엔지니어로 일하고 있었다. 〈스타크래프트 2Starcraft 2〉 론칭을 위해 데이터센터를 계약하고 미국에서 서버와 네트워크 장비를 들여와 설치하는 데만 4개월이 걸렸다. 실제 운영을 하면서도 하드디스크나 서버에 문제가 생기면 데이터센터까지 직접 가서 교체 작업을 해야 했다. 또한 새로운 게임 패치가 적용되는 날이면 모두가 긴장을 해야 했던 시절이다.

　나는 전통적인 방식으로는 인프라 운영에 한계가 있음을 절감하고 IT 산업 전반에 대해 다시 공부하기 시작했다. 공부를 하면 할수록 클라우드가 앞으로 IT 산업을 지탱할 핵심 기술이 될 것이라는 확신이 들기 시작했다. 이제까지 야후-Yahoo나 블리자드에서 일하면서 습득한 모든 IT 기술이 클라우드 안에 들어 있었고, 심지어 내가 하지 않았던 업무도 클라우드에서는 쉽게 배울 수 있었다. 마침 블리자드 싱가폴 지사와 같은 건물에 AWS 사무실이 있었다. 그런데 1년 사이 직원 수가 엄청나게 늘기 시작하는 것이 아닌가. 한국에도 곧 클라우드 시장이 열릴 것을 암시하고 있었다.

1년 후, 나는 한국으로 돌아와 SK플래닛SKplanet에서 글로벌 클라우드 전략을 담당하게 되었다. 프랑스 파리와 홍콩 등에서 열린 서밋에 참가해, 엔지니어들이 새로운 기술을 개발하고 알려주는 열정적인 모습을 보면서 클라우드의 미래가 어떻게 전개될지 기대가 되기도 했다. 클라우드가 결국은 IT 분야의 모든 것을 아우르는 통합체가 되리라는 것, 그리고 클라우드 없이 IT를 논할 수 없는 시대가 올 것이라는 것을 말이다.

현재 클라우드만큼 기술의 스펙트럼이 넓고, 업데이트가 빠르고, 전 세계적으로 광범위하게 사용되는 기술은 없다. 매일 새로운 기술이 쏟아지는 IT 분야에서 트렌드를 안다는 것 또한 굉장히 어려운 일이다. 그러나 클라우드에 대한 최소한의 지식이 갖춰진다면 우리에게 미래를 내다보는 힘이 생기리라 믿는다. 코로나19 사태로 인해 비대면 사회는 거스를 수 없는 흐름이 되었다. 사회문화와 생활, 비즈니스 전반에 빠른 변화가 이루어지고 있다. 만약 디지털 기술의 발전 없이 코로나19 사태가 닥쳤다면 그것은 인류에게 큰 재앙이 되었을 것이다. 이 책을 통해 클라우드의 현재와 그 안에서 각축을 벌이고 있는 최신의 IT 핵심기술들에 대해 조금이나마 이해하고 도움이 되길 바라는 마음이 간절하다.

참고문헌

WINGS 프로젝트 아사 시호, 《Amazon Web Services로 시작하는
　　클라우드 입문》, 영진닷컴
고바야시 아키히토, 《알기 쉬운 증강현실》, e비즈북스
김종식 외, 《디지털 트랜스포메이션 전략》, 지식플랫폼
김진영 외, 《디지털 트랜스포메이션 어떻게 할 것인가》, e비즈북스
나얀 루파렐리아, 《일상을 바꾼 클라우드 컴퓨팅》, 한울
노무라 나오유키, 《인공지능이 바꾸는 미래 비즈니스》, 21세기북스
다쿠치 카즈히로 외, 《생활을 변화시키는 인공지능》, 영진닷컴
레이첼 배티시, 《보이스봇 & 챗봇 디자인》, 에이콘출판
마쓰오 유타카, 《인공지능과 딥러닝》, 동아엠앤비
모어 압둘라 외, 《클라우드 도입 실천 전략》, 에이콘출판
민옥기 외, 《클라우드 컴퓨팅》, 전자신문사
박영규 외, 《Office 365 in 중소기업 오피스 365를 활용한 마이
　　스마트워크》, 아이윌콘텐츠
박영숙 외, 《세계미래보고서 2020》, 비즈니스북스
박주훈 외, 《된다! 일당백 마케터의 업무 자동화》, 이지스퍼블리싱
서경환 외, 《사물인터넷개론》, 배움터
송순오, 《모두를 위한 RPA 유아이패스(UiPath)입문+활용》, 앤써북
신현석 외, 《글로벌 트렌드 클라우드 컴퓨팅》, 지앤선
이세철, 《4차 산업혁명, 미래를 바꿀 인공지능 로봇》, 정보문화사

이영호 외, 《당신이 지금 알아야 할 AWS》, 비제이퍼블릭

이영훈, 《기업혁신을 위한 클라우드 여행》, 혜지원

정임수, 《똑똑한 챗봇 만들기》, 영진닷컴

조 마요, 《마이크로소프트 봇 프레임워크 프로그래밍》, 제이펍

조시 로젠버그 외, 《클라우드 세상 속으로》, 에이콘출판

존 나이스비트 외, 《미래의 단서》, 부키

진노 켄키, 《인공지능 시대를 살아가는 우리 아이 키우는 법》, 한스미디어

최윤식, 《미래학자의 인공지능 시나리오》, 코리아닷컴

칸자키 요지, 《최신 인공지능, 쉽게 이해하고 넓게 활용하기》, 위키북스

커넥팅랩, 《블록체인 트렌드 2020》, 비즈니스북스

클라우스 슈밥, 《클라우스 슈밥의 제4차 산업혁명 더 넥스트(The Next)》,
　　새로운현재

킨조 신이치로, 《챗봇혁명》, e비즈북스

테크니들, 《인공지능 비지니스 트렌드》, 와이즈맵

판카즈 아로라 외, 《클라우드로 혁신하라》, 정보문화사

하야시 미사유키, 《그림으로 배우는 클라우드》, 영진닷컴

주

1   네이버페이, 상반기 결제액 17조 7000억 원…전년비 41% 증가,
     뉴데일리경제, 2021.07.07.

2   쿠팡, 코로나19에도 새벽 · 당일배송 통했다…이대로 '로켓성장'
     할까, PAX경제TV, 2020.04.17

3   줌, 보안 논란에도 코로나 대박…20일 만에 가입자 1억명 폭증,
     연합뉴스, 2020.04.23

4   페이스북 "5~10년내 절반은 원격근무"…가상근무 시대 온다,
     중앙일보, 2020.05.22.

5   포스트 코로나 시대 맞아 비대면 ICT산업 육성한다, 환경미디어,
     2020.04.16

6   이세돌이 밝힌 은퇴 이유 "알파고에 패한 뒤 결심", 파이낸셜뉴스,
     2019.12.19

7   Analytics and Business Intelligence(ABI), Gartner Glossary,
     www.gartner.com

8   韓 클라우드 시장 삼키는 아마존…국내 데이터센터 추가 가동,
     뉴스1, 2019.05.17

9   'AWS 클라우드 전환' 마친 대한항공, 지난 3년과 앞으로의 여정,
     바이라인 네트워크, 2021.09.28.

10   대한항공 IT시스템 100% 클라우드로…"음성으로 시간표 조회",
     문화일보, 2020.02.12

11   MS "코로나19로 2년 걸릴 디지털 트랜스포메이션 2개월 만에 봤다", 블로터, 2020.04.30

12   [글로벌워치]中 전자상거래 이어 '신유통 시대' 본격 시동, 뉴시스, 2017.09.17

13   Worldwide IT Industry 2016 Predictions, IDC Futurescape, 2015.11.04

14   [현장이슈] '언택트 방식' 도입해 채용 진행 중인 기업들…구직자들 반응은?, JOBJOY, 2020.04.03

15   〈코로나19(COVID-19) 실시간 상황판, coronaboard.kr

16   코로나19가 앞당긴 원격의료…20년 만에 장벽 허물어지나, 서울경제, 2020.04.30

17   코로나19 영향으로 미국 내 원격의료 수요 대폭 증가, 헬스코리아뉴스, 2021.08.27.

18   美네바다주에서 원경진료 경험해보니…원격진료 선행조건은 정확한 처방약 배달서비스, 메디게이트뉴스, 2021.07.15.

19   [Biz Prism] 약국까지 진출한 아마존…고객을 생태계 안에 묶어둔다, 매일경제, 2021.03.18.

20   [CES2021] 미국 원격의료, 코로나19로 실생활 정착 성공…MZ세대에 최우선책될 것, AI타임스, 2021.01.14.

21   Volume of data/information created, captured, copied, and

consumed worldwide from 2010 to 2025, statista.com

22　The Hestan Cue Smart Cooking System helps average cooks whip up restaurant-style meals, Kansas City Spaces, 2019.08.19

23　3분기 클라우드 시장 35% 성장···MS 애저는 5분기 연속 50% 이상↑, CIO KOREA, 2021.11.08.

24　Microsoft Cloud Stabilizes at 51% Growth Rate, sdxcentral, 2021.7.28.

25　국내 클라우드 IT 인프라 시장 2025년 2조 2189억 원 전망, 정보통신신문, 2021.08.13.

26　KT, 호텔에도 AI 적용···음성으로 서비스 이용, 조선비즈, 2018.07.18

27　IBM부터 구글까지···IT공룡들 '양자컴퓨터' 개발경쟁 가속, 뉴시스, 2018.06.22

28　신한AI, 인공지능 금융 투자상품 첫 출시, 전자신문, 2020.01.29

29　현대차, 지능형 모빌리티 회사 변신 선언···"2025년까지 61조원 투자", 중앙일보, 2019.12.04

30　Lifecarex, https://info.imaginecare.com

31　심전도 기능 애플워치, 영국 출시 1주일 만에 생명 구해, UPI뉴스, 2019.06.26.

32　〈깃허브 사용자 통계〉, http://github.com

33 [그래픽] 넷플릭스 가입자 수 추이, 연합뉴스, 2021.10.20.

34 '오징어게임' 없었으면 어쩔 뻔했나…넷플릭스 가입자 428만 명 늘고
시총 27조↑, 매일경제, 2021.10.20.

35 코로나19로 몸값 뛰는 넷플릭스, 아이뉴스24, 2020.04.27

36 동영상 스트리밍 제국 넷플릭스의 창립자, 리드 헤이스팅스,
동아일보, 2016.07.06

37 추격하는 넷플릭스, 추락하는 디즈니…'대장주 오징어게임' 승자는?,
한경글로벌마켓, 2021.11.12.

38 넷플릭스 클라우드 마이그레이션 완료, 넷플릭스 미디어센터,
2016.02.11.

39 전국에서 러브콜…용인 퇴짜 '네이버 데이터센터' 유치전 가열,
뉴시스, 2019.07.07

40 "매년 1조원 투자"…MS의 이유 있는 보안 자신감, IT조선,
2019.11.19

41 [클라우드 테크] ① 한국 클라우드 기업들, 3조 4400억 원
국내시장으로 돌진, 아주경제, 2021.05.25.

42 삼성전자가 13년 만에 ERP 시스템 바꾼 까닭은, 서울경제,
2021.04.08.

43 대한항공, 카카오톡 이용한 챗봇 상담 서비스 '대한이' 개시,
연합뉴스, 2020.03.10

44 MS, 4년 만에 부산 데이터센터 5월 오픈…클라우드업계 경쟁
    불붙는다, 전자신문, 2020.02.12

45 사우디 온건화 박차…애플 사업장에 남녀 근무 허용, 연합뉴스,
    2018.04.09

46 엔씨소프트, 클라우드 게임 플랫폼 도입 최고 수혜株…목표가↑
    -KTB, 이데일리, 2019.03.25

47 클라우드 최대어 '배틀그라운드' MS에서도 구동…클라우드 판도
    바뀌나, 전자신문, 2017.10.26

48 블록체인 선택한 스타벅스, "원두부터 커피까지 투명성 제공",
    IT월드, 2019.05.09

49 우리은행, 전산사고로 '중징계' 통보 받아, 컨슈머타임스,
    2020.05.08

50 80조 국고보조금 블록체인으로 관리한다, 매일경제, 2020.04.20

51 스타벅스로 보는 테크핀 뱅킹의 전망, 바아이뉴스, 2019.12.07

52 국내 테크핀(Tech+Fin)업계 동향과 전망, KISO저널, 2020.03.11

53 [마켓리포트] '지폐 내면 눈총'…중국 4년 내 현금 없는 사회 된다,
    테크월드, 2020.10.05.

54 [차트로 보는 중국] 中 모바일결제 시장의 폭풍성장, 매일경제,
    2020.12.15.

55 카카오톡, 월간사용자수 4566만 명으로 1위…배민, 2000만 명 돌파,

전자신문, 2021.08.03.

56 네이버 '네이버쇼핑', 스마트스토어 42만 개…거래 폭증, 매일경제,
    2021.04.14.

57 카카오뱅크, 8초당 1명 가입…총 고객수 1700만 명 돌파, 이투데이,
    2021.09.23.

58 카카오페이, 3분기 누적거래액 72.5조…지난해 연간 거래액 넘어,
    뉴시스, 2021.11.10.

59 [단독] 네이버페이 결제 상반기에만 12조…서비스 가입도 폭증
    [2021 국감], 서울경제, 2021.10.20.

60 새해 글로벌 IT 기업 화두는 '테크핀' 구글 · 페이스북 · 애플까지
    뛰어든 '新금융 시대', 매일경제, 2019.12.31

61 핀테크에 도전장 내민 테크핀, 조선비즈, 2020.02.20

62 미국 스타벅스 어플리케이션 이용자 수, indigo9digital.com

63 커피회사야 은행이야…스타벅스, 1조 모은 핀테크, 한겨레,
    2018.12.09.

64 스타벅스, 선불충전금으로 금감원 조사 받는다, 조선비즈,
    2021.10.21.

65 [김승열의 DT 성공 전략] 은행을 오픈한 스타벅스, 블로터,
    2020.03.16

66 아르헨티나, 아홉 번째 디폴트…채무 재조정 협상 열흘 연장,

파이낸셜뉴스, 2020.05.24

67 스타벅스 매장에서 은행 업무를? 스타벅스…블록체인 기술 활용한
차세대 커피 '은행' 되나, 인터비즈, 2019.11.05.

68 [만파식적] 글쓰는 AI, 서울경제, 2019.02.20.

69 "실시간 영상으로 번역" 네이버 파파고, AR 바로번역 선보인 EK,
아시아경제, 2021.11.24.

70 2019년 네이버 최다 검색어는 '유튜브'…2위는?, 파이낸셜뉴스,
2020.01.16

71 [테크 인사이드] 신경망 번역기, 번역의 미래 보여주다,
이코노믹리뷰, 2020.02.05

72 AI 통·번역의 진화…음성 통역, 이미지·챗봇 번역까지 다양,
국민일보, 2019.05.23

73 Amazon Rekognition 실시간 얼굴 인식, 이미지 속 텍스트, 얼굴
감지 개선 발표, AWS, 2017.11.21

74 경험데이터, 한경경제용어사전

75 "우버가 택시 대체한 건 '경험 데이터' 덕분", 매일경제, 2019.07.11.

76 Uber boosts platform security with the Face API, part of
Microsoft Cognitive Services, Microsoft.com, 2019.06.18

77 애플, 마스크 착용 늘자 아이폰 얼굴인식 기능 개선, 헤럴드경제,
2020.05.21

78 '안면인식으로 현금 인출한다' 내셔널호주은행, CIO, 2018.10.25

79 AI(인공지능) 안면인식 스마트 안경, AI타임스, 2019.1.30

80 "1초면 분류 끝"…패션 AI 스타트업 옴니어스, 30억 투자 유치,
    조선비즈, 2019.07.11

81 [AInside] 옴니어스, "AI로 패션 트렌드 예측한다", 블로터,
    2018.08.27

82 셀바스AI, 사람감정 표현 '인공지능 음성합성(TTS)' 발표, 보건뉴스,
    2019.10.25

83 Microsoft delays release of wireless Surface Earbuds until 2020
    to 'get all the details right', GEEKWIRE, 2019.11.21

84 [템터뷰] "이 챗봇 똑똑하네"…카카오뱅크 '상담챗봇'이 남다른
    이유는?, 테크엠, 2021.01.28.

85 "기계 맞나요?" 정확한 답변에 고객들 깜짝, DBR, 2020.01

86 식당 테이블서 QR코드 찰칵…언택트 주문 · 결제, 매일경제,
    2020.04.12

87 학교용 AI 챗봇 개발한 부산 양운고 학생팀, 파이낸셜뉴스,
    2019.12.08.

88 Amazon Polly Plugin for WordPress Update？Translate and
    Vocalize Your Content, AWS News Blog, 2018.06.16

89 [인터뷰] "코로나19 사태, 업무 자동화(RPA)시장 성장 기회",

아이뉴스24, 2020.04.27

90 "RPA 시장 올해부터 본격 커진다"…백승헌 'RPA 하이퍼오토메이션 플랫폼' 저자 인터뷰, AI타임스, 2021.04.02.

91 로보틱 프로세스 자동화(RPA) 시장 규모, 점유율 및 동향 분석, 부문별 예측(2021-2028), 글로벌코리아 시장보고서

92 2021년에도 계속 성장하는 RPA 시장, 토베통, 2021.04.15.

93 나의 자동화 파트너, RPA, 테크월드, 2020.03.13

94 삼성SDS · LG CNS · SK C&C "RPA 시장 잡아라", 아주경제, 2020.03.17

95 신한카드, RPA와 애자일 방식 도입 2년 성과…업무 디지털화로 6만 시간 절약, 더밸류뉴스, 2020.07.09.

96 신한 銀, 여신지원업무 RPA 확대, 시사오늘, 2018.04.24

97 'RPA', 디지털 전환의 첫 관문…"도입해보니 알겠다", 디지털투데이, 2019.11.12

98 "보험사기, AI로 잡아낸다"…교보생명, "K-FDS" 오픈, 한국경제 2020.05.26.

99 구글, 스마트홈 업체 네스트랩스 인수…사물 인터넷 '야심', 전자신문, 2017.01.14

100 CES2020 대구경북 공동관 첫해, 기대 이상 성과로 마무리, 시니어매일, 2020.01.13

101 노인 고독사 급증, 보험 등 사회안전망 시급, 한국공제신문,
     2020.10.15.
102 성동구, 독거어르신 건강 · 안전관리 솔루션 대상 115명으로 확대,
     중앙일보, 2018.11.14
103 산업사물인터넷(IIoT)이 전력산업의 한계를 돌파한다, GE리포트,
     2017.08.31
104 서울교통공사, 전동차 상태기반 정비시스템 2호선 구축, 2020.01.29
105 서울시, 국내최초 IoT기반 '안전 초시대' 연다, 서울특별시,
     2020.01.22.
106 티센크루프, 엘리베이터 유지 · 보수에 혼합 현실(MR, mixed reality),
     HoloLens 도입, 세미나투데이, 2016.09.16
107 항공기 엔진에 IoT 결합…제조기업 롤스로이스, AS로 돈 더 번다,
     한국경제, 2017.06.19
108 블록체인, AI, IoT가 커피 한 잔 속에 스타벅스, 기술 기반으로
     문화를 만들다, 동아비즈니스리뷰, 2019.09. Issue 1
109 스타벅스는 MS 블록체인 · AI 기술 어떻게 쓸까, 디지넷코리아,
     2019.05.07
110 재택근무로 화상회의 25배↑…가장 회의 많은 날은 '월요일',
     한국일보, 2020.03.14
111 코로나 덕분에…국내 '줌' 사용자 2달새 25배 폭증, 조선일보,

2020.05.12

112 Zoom User Stats : How Many People Use Zoom in 2021?,
     backlinko.com/zoom-users

113 오피스SW 노하우+AI · 클라우드…'언택트 협업' 한단계 높인 MS,
     디지털타임스, 2020.04.28

114 속을 알 수 없던 Z세대 사원…비전 보여주니 발로 뛴다, 매일경제,
     2019.08.22

115 G Suite is now Google Workspace because 'work is no longer a
     physical place', venturebeat, 2020.10.06.

116 대한항공, 클라우드 장착한 항공업 '상승 날개', 매일경제,
     2020.01.02

117 구독경제, 한경경제용어사전

118 "SW도 본격 구독하는 시대"…폿트 코로나 준비하는 SaaS 기업들,
     IT조선, 2020.04.26.

119 SK텔레콤, MS '디지털 워크플레이스' 구축…"일하는 방식 혁신",
     조선비즈, 2019.08.28

120 증강현실, 네이버지식백과

121 Apple Patent Reveals Smart Finger Devices that will be used to
     Control a Future Mixed Reality Headset, Patentyapple.com

122 미 육군, MS '홀로렌즈'로 병사들 작전 능력 높인다, IT조선,

2018.11.30

123 강의실에 웬 AR · VR? 가천대 증강 · 가상현실 수업 인기, 경기매일,
     2019.10.28

124 동서울대학교, 가상현실 기반 비대면 실시간 온라인 강의 진행,
     교수신문, 2020.04.01

125 군산 선유도에 국내 첫 해양관광 자율주행 버스 달린다, 연합뉴스,
     2020.04.24

126 자율주행차, 네이버지식백과

127 '목표는 자율주행 상용화', 시장 선점 위해 달리는 국내 기업들,
     헬로티, 2021.05.18.

128 성남시, '교통 · 자율주행 빅데이터 센터' 개소, 오마이뉴스,
     2019.11.15

129 바이두에도 밀린 현대차 자율주행기술…1등은 구글, IT조선,
     2019.03.24

130 바이두, 자율주행 시계 앞당긴다…'로보택시' 상용화 임박,
     아주경제, 2020.04.22

131 AWS 딥레이서, http://aws.amazon.com

132 AWS, '세이지메이커' 활용해 분데스리가 시청 경험 높인다,
     IT데일리, 2020.05.27

133 [스마트클라우드쇼 2019] ARM "자율주행차는 바퀴달린

데이터센터", 조선비즈, 2019.09.19.

134 테슬라가 인공지능과 빅데이터를 활용하는 방법, AI타임스,
     2019.04.08

135 1시간에 300판 뚝딱…로봇이 만드는 피자 맛은?, 조선비즈,
     2020.01.01

136 달콤커피, 로봇카페 비트 70호점 공식 오픈, 한국금융, 2020.04.17

137 LG전자, 식당용 로봇 서비스 '클로이 다이닝 솔루션' 공개,
     연합뉴스, 2019.12.16

138 위성 촬영 이미지, 클릭 몇 번으로 뚝딱…자율주행차 완성도 높일
     듯, 동아일보, 2018.11.28

139 MS, 시리 만든 '뉘앙스' 22조 원에 인수…왜?, ZD넷코리아,
     2021.04.13.

140 나 대신 보디랭귀지하는 아바타가 회의 참석…MS도 메타버스 진격,
     조선일보, 2021.11.03.

141 LG, 초거대 AI '엑사원' 공개…"스스로 학습하는 상위 1% 전문가",
     조선비즈, 2021.12.14.

142 네이버 음성검색에도 '하이퍼클로바' 적용…"초대규모 AI 기술
     상용화 선도", 전자신문, 2021.12.21.

143 머스크가 꽂힌 '초거대AI'…韓정부도 'K-AI'에 수천 억 쏟다,
     머니투데이, 2021.05.25.

144 2025년까지 모든 행정·공공기관 정보시스템 클라우드로 전환, 대한민국 정책브리핑, 행정안전부, 2021.07.26.

145 "세컨드 라이프의 실패 이유는?", 게임정보놀이터 온라이프존, 2014.07.02., http://www.onlifezone.com/gamer_talk/14350460

146 NIA 세계 정보접근센터(IAC), 가상공간에서 만나다, 전자신문, 2021.07.01.

147 IT 서비스 업계, 메타버스 솔루션 사업에 화력 집중, ZD넷코리아, 2021.08.09.

148 소더비, 메타버스 디센트럴랜드(MANA)에 가상전시장 열어, 블록미디어, 2021.06.05.

149 "혼합 현실 응용 프로그램에서 소리를 사용하는 방법", 마이크로소프트 문서, 2021.10.12., https://docs.microsoft.com/ko-kr/windows/mixed-reality/design/spatial-sound-design

150 '달달한 과자', 트렌드일까 패드일까, 한경비지니스, 2015.10.23

151 가트너, 2022년 IT 전략 기술 트렌드 TOP12, 삼성디스플레이 뉴스룸, 2021.12.27

새로운 기술 생태계의 탄생
클라우드

1판 1쇄 펴냄   2020년 7월 20일
2판 1쇄 펴냄   2022년 1월 28일

지은이 윤혜식
기획 김예채
펴낸이 신주현 이정희
마케팅 임수빈

디자인 조성미
독자교정 정하늘
용지 월드페이퍼
제작 (주)아트인

펴낸곳 미디어샘
출판등록 2009년 11월 11일 제311-2009-33호

주소 03345 서울시 은평구 통일로 856 메트로타워 1117호
전화 02) 355-3922 | 팩스 02) 6499-3922
전자우편 mdsam@mdsam.net

ISBN 978-89-6857-208-1 03320

www.mdsam.net